职业教育国际商务专业教学用书

进出口贸易实务
学习指导与练习

张 云　王 瑾　主编
郭 洁　王 真　副主编

電子工業出版社
Publishing House of Electronics Industry
北京 • BEIJING

前　言

本书是电子工业出版社出版的《进出口贸易实务》一书的配套教学用书。本书以《进出口贸易实务》为基础，每个项目安排了学习指导、重点与难点、同步练习和综合练习四个部分。学习指导用简明的语言概述了每个项目的重点知识；重点与难点说明了每个项目学生应掌握的知识点；同步练习和综合练习是为了检测学生对知识的掌握情况，包括单项选择题、多项选择题、判断题、填空题、名词解释、简答题、计算题和案例分析题。

本书的体例与主教材相对应，在每一任务学完后，设有同步练习，在每一项目学完后，设有综合练习，便于学生自测，检验学习效果；最后还有五套综合测试题，检测学生对全书知识的掌握情况。通过大量的练习和训练，使学生较好地掌握进出口贸易相关的概念和方法，培养学生具备相关的职业素养和职业技能，为将来的实习和就业打下坚实的基础。书末配有习题的参考答案。

本书由张云、王瑾担任主编，郭洁、王真担任副主编。在编写过程中，本书借鉴和参考了大量资料，在此向有关作者表示感谢！由于编者水平有限，疏漏、错误在所难免，恳请专家、读者批评指正。

编　者

2012 年 2 月

目　录

项目一　商品的品质、数量和包装 1
任务一　确定商品的品质条款 2
任务二　订立恰当的商品数量条款 4
任务三　设计商品包装 7
综合练习一 10

项目二　国际货物运输 18
任务一　选择合适的运输方式 19
任务二　区分各种运输单据 23
任务三　正确拟订合同中的装运条款 25
综合练习二 29

项目三　国际货物运输保险 35
任务一　区分海运货物保险的风险与损失 36
任务二　选择合适的海运货物保险条款 40
任务三　选择合适的其他运输保险条款 43
任务四　办理进出口货物运输保险 44
综合练习三 48

项目四　国际贸易术语与价格条款 55
任务一　认知国际贸易术语 56
任务二　选择合适的贸易术语 58
任务三　拟订价格条款 63
综合练习四 67

项目五　国际货款支付方式 73
任务一　认知国际货款支付工具 74

任务二　选择合适的国际货款支付方式……77
综合练习五……81

项目六　检验检疫、索赔、不可抗力和仲裁……87

任务一　认知检验检疫……88
任务二　确定索赔条款……90
任务三　订立不可抗力条款……92
任务四　议定仲裁条款……94
综合练习六……97

项目七　交易磋商与合同的签订……102

任务一　认知交易磋商的程序……103
任务二　签订进出口合同……106
综合练习七……109

项目八　履行进出口合同……116

任务一　履行出口合同……117
任务二　履行进口合同……120
综合练习八……123

项目九　贸易方式……128

任务一　认知独家经销、代理与寄售……129
任务二　认知招标、投标和拍卖……132
任务三　区别加工贸易和补偿贸易……134
综合练习九……138

综合测试一……144
综合测试二……151
综合测试三……157
综合测试四……163
综合测试五……169
参考答案……175

项目一

商品的品质、数量和包装

学习指导

买卖双方在合同中规定卖方交货的品质是为了避免日后产生纠纷。在国际贸易中，表示商品品质的方法有两大类：凭实物表示品质和凭说明表示品质。采用何种方法，应视商品的特性而定。

在国际贸易中，经常采用的计量单位有重量、个数、容积、长度、面积、体积；按重量计量的商品很多，计算重量的方法主要有毛重、净重和公量等。在规定数量条件时，一定要注意数量机动幅度及数量差异的计价方法。

商品的包装是国际货物买卖合同中一项主要条款，根据包装在流通过程中所起的作用不同，可分为运输包装和销售包装两种。运输包装上的标志，按其作用可分为运输标志、指示性标志和警告性标志。为明确买卖双方的责任，在合同中应对商品的包装作出明确的规定。

重点与难点

学习重点

1. 商品品质的概念，表示商品品质的方法及常见的品质条款的规定方法；
2. 常用的商品计量单位和计量方法；
3. 商品包装的分类及运输包装标志。

学习难点

1. 会识别运输包装上的各种标志及销售包装的条形码；

2. 能根据合同或信用证独立地制作货物的运输标志；
3. 会制定商品的品质条款、数量条款和包装条款。

同步练习

任务一　确定商品的品质条款

一、单项选择题（从每小题给出的四个备选答案中选出一个正确答案，请将所选答案的字母填在题后的括号内）

1. 在进出口业务中，卖方根据买方提供的样品，加工复制出一个类似的样品交买方确认，这种确认后的样品称为（　　）。

   A. 卖方样品　B. 买方样品　C. 回样　D. 参考样品

2. 在寄售、拍卖和展卖业务中，主要采用的表示商品品质的方法是（　　）。

   A. 看货买卖　B. 凭样品买卖

   C. 凭标准买卖　D. 凭商标或品牌买卖

3. 在国际贸易中，有些机器、电器和仪表等技术密集型产品，因结构复杂、型号繁多、性能各异，一般采用（　　）来表示其品质。

   A. 凭标准买卖　B. 凭说明书和图样买卖

   C. 凭等级买卖　D. 凭规格买卖

4. 在国际贸易中，对于某些品质变化较大而难以规定统一指标的农副产品，其表示品质方法常用（　　）。

   A. 良好平均品质　B. 看货买卖

   C. 上好可销品质　D. 凭说明书买卖

5. 如果卖方所交货物品质低于样品品质，但在品质公差范围内，买方应（　　）。

   A. 拒收、拒付　B. 收货、拒付　C. 降价收货　D. 按合同价收货

二、多项选择题（下列每题给出的四个选项中，至少有两个选项是符合题目要求的，请将所选答案的字母填在题后的括号内）

1. 下列属于凭实物表示品质的有（　　）。

   A. 看货买卖　B. 凭规格买卖

   C. 凭样品买卖　D. 凭商标或品牌买卖

2．下列属于凭产地名称买卖的是（　　）。

A．北京烤鸭　　B．李宁运动鞋　　C．苏州刺绣　　D．龙口粉丝

3．下列商品中可以凭品牌买卖的是（　　）。

A．小麦　　B．轿车　　C．汽油　　D．钨砂矿

4．F.A.Q.是指（　　）。

A．大路货　　B．上好可销品质

C．质量劣等　　D．良好平均品质

5．品质机动幅度的规定方法主要有（　　）。

A．规定范围　　B．规定极限

C．规定数量　　D．规定上下差异

三、判断题（正确的打“√”，错误的打“×”）

1．在我国实际业务中，用F.A.Q.表示商品的品质，采用这种方法，除在合同中注明F.A.Q.字样外，通常还要订明该商品的主要规格指标。（　　）

2．在约定的品质机动幅度或品质公差范围内的品质差异，除非另有规定，一般不另行增减价格。（　　）

3．“大豆，含油量18%，含水分14%，不完全粒7%，上下1%。”该品质条款采用的方法是规定范围。（　　）

4．为了适应国际市场的需要，在我国出口贸易中，应争取按买方样品达成交易。（　　）

5．在对外贸易中，品质公差为人们所公认，只要卖方所提供的货物在公差范围内，则买方不得拒收，也不能以此要求调整价格。（　　）

四、填空题

1．商品的品质是指商品的（　　　　）和（　　　　）的综合。

2．在国际贸易中，表示商品品质的方法有（　　　　　）和（　　　　　）两类。

3．在国际贸易中，对于某些品质变化较大而难以规定统一标准的农副产品，往往采用（　　　　　）来表示品质，在我国实际业务中，一般是就（　　　　　）而言。

4．品质机动幅度这一方法主要适用于（　　　　　），品质公差这一方法主要适用于（　　　　　）。

5．品质机动幅度的规定方法主要有（　　　　　　　　）、（　　　　　　　　）和（　　　　　　）三种。

五、简答题

表示商品品质的方法有哪些？

六、名词解释

1．回样/对等样品

2．品质机动幅度

3．品质公差

任务二　订立恰当的商品数量条款

一、单项选择题（从每小题给出的四个备选答案中选出一个正确答案，请将所选答案的字母填在题后的括号内）

1．（　　）主要适用于谷物、流体及气体。

A．重量单位　　B．长度单位　　C．面积单位　　D．容积单位

2. 在国际贸易中，我国采用的度量衡制度是以（　　）为基础的法定计量单位。

A. 国际单位制　B. 公制　C. 英制　D. 美制

3. 进出口羊毛、生丝、棉花等纺织原料，应使用的计量方法为（　　）。

A. 毛重　B. 净重　C. 公量　D. 理论重量

4. 对于溢短装部分的作价方法，如果合同中没有明确规定，按照惯例，其做法是（　　）。

A. 按合同价格作价

B. 按装船时的国际市场价格作价

C. 按到货时的国际市场价格作价

D. 按平均价格计算

5. 根据 UCP600 的规定，凡在合同交货数量前加上“约”、“大概”、“大约”或类似的词语，应解释为数量不超过（　　）的增减幅度。

A. 15%　B. 5%　C. 20%　D. 10%

二、多项选择题（下列每题给出的四个选项中，至少有两个选项是符合题目要求的，请将所选答案的字母填在题后的括号内）

1. 下列商品中以理论重量来计量的有（　　）。

A. 大豆　B. 铁矿石　C. 马口铁　D. 钢板

2. 可以采取“以毛作净”的方式计算的商品有（　　）。

A. 裘皮　B. 矿石　C. 珠宝　D. 煤

3. 下列有关溢短装条款的说法，正确的是（　　）。

A. 溢短装条款又称品质机动幅度条款

B. UCP600 规定货物数量的溢短装幅度为 5%

C. 对机动幅度范围内超出或低于合同数量的多装或少装部分，一般是按合同价格计算

D. 溢短装条款一般由卖方决定

4. 合同中的数量条款为“1 000M/T with 5% more or less at seller's option”，则卖方交货的数量可以是（　　）。

A. 900M/T　B. 980M/T

C. 1 000M/T　D. 950M/T～1 050M/T 的任意数量

5. 根据情况的不同，具有买卖合同中溢短装条款选择权的是（　　）。

A. 买方　B. 卖方　C. 承运人　D. 保险人

三、判断题（正确的打“√”，错误的打“×”）

1．理论重量通常用于经济价值高、水分含量不稳定的货物。（ ）

2．Metric Ton 属于重量单位。（ ）

3．纯商品的重量加上直接接触商品的内包装材料的重量是毛重。（ ）

4．溢短装条款是指在装运数量上可增减一定幅度，该幅度既可由卖方决定，也可由买方决定。（ ）

5．长度单位主要适用于日用消费品、轻工业品、机械产品及一部分土特产品。（ ）

四、填空题

1．在国际贸易中，如果合同没有明确规定用毛重还是用净重计算，按照惯例，应当按照（ ）计算。

2．习惯上把按毛重计算重量的方法称为（ ）。

3．目前，国际贸易中常用的度量衡制度有（ ）、（ ）、（ ）和（ ）四种。

4．公量这种方法适用于经济价值高，而含水量极不稳定的商品，如（ ）、（ ）和（ ）。

5．对于溢短装部分的计价方法，最好在合同中明确订明，否则按（ ）作价。

五、简答题

溢短装条款包括哪些内容？

六、名词解释

溢短装条款

任务三　设计商品包装

一、单项选择题（从每小题给出的四个备选答案中选出一个正确答案，请将所选答案的字母填在题后的括号内）

1．在运输过程中，为了易于辨认货物、便于核对单证、避免错发错运而使用的标志是（　　）。

A．运输标志　　B．指示性标志

C．警告性标志　　D．销售标志

2．根据唛头“KSB/LONDON/NO.1—100”可以判断出，该批货物的目的港所在国为（　　）。

A．美国　　B．意大利　　C．澳大利亚　　D．英国

3．出口商品采用中性包装就是（　　）。

A．包装上仅有外商指定的商标或牌号，但无生产地名和厂商名称

B．包装上既无商标、牌号，又无生产地名和厂商名称

C．在采用外商指定的商标或牌号的同时，标示“中国制造”字样

D．包装上无商标或牌号，仅注明“中国制造”字样

4．运输包装的俗称是（　　）。

A．大包装、外包装　　B．小包装、内包装

C．大包装、小包装　　D．外包装、内包装

5．“In Bulk”是指（　　）。

A．散装　　B．捆装　　C．桶装　　D．裸装

二、多项选择题（下列每题给出的四个选项中，至少有两个选项是符合题目要求的，请将所选答案的字母填在题后的括号内）

1．下列商品多采用裸装的有（　　）。

A．巨型设备　　B．煤　　C．小麦　　D．钢材

2．集合运输包装的具体形式包括（　　）。

A．木箱　　B．托盘　　C．集装箱　　D．集装袋

3．买卖合同中的包装条款包括（　　）。

A．包装材料　　B．包装方式　　C．包装费用　　D．包装标志

4．根据不同商品的特性和形状，常见的销售包装有（　　）。

A．一次用量包装　　B．纸箱

C．易开包装　　　　D．礼品包装

5．唛头的主要内容包括（　　）。

A．发货人的代号　　　　B．件号

C．收货人的代号　　　　D．目的地名称

三、判断题（正确的打“√”，错误的打“×”）

1. 定牌生产是指卖方按照买方要求在商品或包装上使用买方指定的商标或品牌的做法。采用定牌生产时可以不标明“中国制造”字样。（　　）

2．运输包装上的标志又称运输标志，也就是通常所说的唛头。（　　）

3．指示性标志又称危险货物包装标志，是指在危险货物上刷制的表明货物危险的性质和等级，让装卸、运输、保管等有关人员注意并提高警惕的标志。（　　）

4．中性包装是指既不标明生产国别，也不标明地名和厂商名称的包装。（　　）

5. 我国于1988年成立中国物品编码中心，并于1991年加入国际物品编码协会。我国条形码的前缀码为691—693。（　　）

四、填空题

1. 运输包装上的标志，按其作用可分为（　　　　）、（　　　　）和（　　　　）。

2．国际上通用的条形码主要有两种：一种是美国编码委员会编制的（　　　　）条码；另一种是由欧洲12国组成的欧洲物品编码协会编制的（　　　　）条码。

3．（　　　　）是指既不标明生产国别、地名和厂商名称，也不标明商标或品牌的包装。

4．运输标志又称（　　　　），它通常是由一个简单的几何（　　　　）和一些（　　　　）、（　　　　）及简单的（　　　　）组成的。

5．无包装材料的包装指的是（　　　　）和（　　　　）；有包装材料的包装按照包装方式可分为（　　　　）和（　　　　）。

五、简答题

运输标志包括哪些主要内容？

六、名词解释

1．无牌中性包装

2．定牌中性包装

3．定牌生产

综合练习一

一、单项选择题（从每小题给出的四个备选答案中选出一个正确答案，请将所选答案的字母填在题后的括号内，每题 1 分，共 20 分）

1. 农副产品品质变化较大且难以统一规定标准，在出口确定其品质时（　　）。

A. 最好采用样品磋商　　B. 最好用文字说明

C. 最好看货洽谈成交　　D. 最好凭标准买卖

2. 凭样品买卖时，如果合同中无其他规定，那么卖方所交货物（　　）。

A. 可以与样品大致相同　　B. 必须与样品完全一致

C. 允许有合理公差　　D. 以上说法都不对

3. 某美国客商到我国一家玩具厂参观，之后对该厂的部分产品很感兴趣，于是立即签订购买合同，批量购买他所见到的那部分产品，决定按实物样品作为合同中交收货物的品质要求。这种表示品质的方法是（　　）。

A. 看货买卖　　B. 凭卖方样品买卖

C. 凭买方样品买卖　　D. 对等样品

4. 在工业制成品的交易中，为顺利履行合同，通常在合同中订立（　　）。

A. 品质机动幅度条款　　B. 品质公差条款

C. 数量增减价条款　　D. 品质增减价条款

5. 在品质机动幅度和品质公差范围内，交货品质如有上下浮动，一般都不另行计算增减价，而按（　　）计收货款。

A. 合同价　　B. 装运时的市场价

C. 到货后的市场价　　D. 市场价

6. 在国际贸易中，由卖方提供样品并作为日后交货的品质依据是（　　）。

A. 卖方样品　　B. 买方样品　　C. 参考样品　　D. 对等样品

7. 如我方欲进口一套机电设备，一般选用表示品质的方法是（　　）。

A. 凭卖方样品买卖　　B. 凭买方样品买卖

C. 凭说明书买卖　　D. 凭商标品牌买卖

8.“印花布，幅阔 32～35 英寸，均合格。”该品质条款采用的规定方法是（　　）。

A. 极限　　B. 范围　　C. 上下差异　　D. 公差

9. 金属绳索、丝绸、布匹等商品一般采用的计量单位是（　　）。

A. 面积　　B. 重量　　C. 个数　　D. 长度

10.（　　）是指从全部商品中取出几件，称其包装的重量，除以抽取的件数，得出平均数，再乘以总件数，算出全部包装重量。

A. 实际皮重　B. 平均皮重　C. 约定皮重　D. 习惯皮重

11. 钢板、马口铁等商品一般采用（　　）计算重量。

A. 理论重量　B. 法定重量　C. 以毛作净　D. 公量

12. 在国际贸易中，如果合同没有明确规定采用何种方式计算重量，按照惯例，应当按照（　　）计算。

A. 毛重　B. 净重　C. 理论重量　D. 法定重量

13. 下列条款中，属于溢短装条款的是（　　）。

A. Quality: Soybean, Moisture max 8%, Admixture max 3%.

B. Men's watches, the average error is 1 minute plus or minus for every 48 hours.

C. Quantity: wheat, 100 metric tons with 3% more or less, at buyer's option; Such excess or deficiency to be settled of contracted price.

D. Packed in 200 cartons for 10 bags each.

14. 定牌中性包装是指包装上仅有（　　），无生产国别、地名和厂商名称。

A. 卖方的商标或品牌　B. 卖方指定的商标或品牌

C. 买方指定的商标或品牌　D. Made in China

15. 下列英文意思为“托盘”的是（　　）。

A. Pallet　B. Flexible Container

C. Plastic Bag　D. Wooden Case

16. 合同中的数量条款为“1 000M/T with 5% more or less at seller's option”，如果市场价格下降，对卖方而言，最有利的交货数量为（　　）。

A. 950M/T　B. 1 000M/T

C. 1 050M/T　D. 950M/T～1 050M/T 的任意数量

17. 在国际贸易合同中，下列不属于品质条款内容的是（　　）。

A. 品名　B. 规格　C. 牌号　D. 唛头

18. 根据 UCP600 的规定，在采用信用证支付的情况下，“约”字规定货物的金额有（　　）的增减。

A. 低于 5%　B. 不超过 5%

C. 低于 10%　D. 不超过 10%

19．凡货、样无法达到完全一致的货物，一般不适合采用（　　）。

A．凭规格买卖　　B．凭样品买卖

C．凭标准买卖　　D．凭说明书买卖

20．某公司向国外出口 60 公吨小麦，合同规定卖方交货的数量可溢短装 5%，选择权在卖方。卖方实际交货为 63 公吨，买方作出（　　）的决定是正确的。

A．拒收 63 公吨货物，向卖方提出索赔

B．收取 63 公吨货物，按合同价格付款

C．收取 60 公吨货物，拒绝收取其余 3 公吨货物

D．收取 63 公吨货物，按到货时市场价格付款

二、多项选择题（下列每题给出的四个选项中，至少有两个选项是符合题目要求的，请将所选答案的字母填在题后的括号内，每题 2 分，共 30 分）

1．下列属于商品的内在素质的是（　　）。

A．色泽　　B．透明度　　C．化学成分　　D．机械性能

2．下列属于凭说明表示品质的有（　　）。

A．凭产地买卖　　B．凭规格买卖

C．凭样品买卖　　D．凭商标或品牌买卖

3．下列商品，一般采用公量来计重的有（　　）。

A．棉花　　B．女式衬衣　　C．生丝　　D．羊毛衫

4．下列属于溢短装条款内容的有（　　）。

A．溢装或短装的百分比　　B．溢短装的选择权

C．溢短装部分的作价　　D．溢短装的货物种类

5．下列属于商品的外在素质的是（　　）。

A．色泽　　B．透明度　　C．化学成分　　D．机械性能

6．在溢短装条款中，溢短装数量可以由（　　）决定。

A．卖方　　B．买方　　C．船方　　D．银行

7．下列属于运输标志的主要内容的是（　　）。

A．发货人的代号　　B．装运港名称

C．收货人的代号　　D．目的地名称

8．卖方根据买方来样复制样品，寄送买方并经其确认的样品被称为（　　）。

A．复样　　B．回样

C．确认样品　　　　D．对等样品

9．运输包装上的标志，按其作用可分为（　　）。

A．运输标志　　　　B．指示性标志

C．警告性标志　　　　D．包装标志

10．某公司出口空调 1 000 台，纸箱装，不允许分批装运。装船时有 40 台空调包装破裂，货物受损。合同中已订立溢短装条款：1 000 sets with 4% more or less at seller's option. 据此，发货人（　　）。

A．必须装运 1 000 台　　　　B．可以装运 950 台

C．可以装运 960 台　　　　D．紧急调货 40 台，装运 1 000 台

11．下列有关中性包装的说法，正确的是（　　）。

A．标明“Made in India”，但是没有卖方的商标、品牌

B．有买方指定的商标品牌，但是未标明生产国别是印度

C．既有卖方的商标、品牌，又标明生产国别是印度

D．既没有标明生产国别是印度，又没有标明任何商标品牌

12．合同规定：一级玉米，200 公吨，USD200/MT，溢短装比例 5%，由卖方决定。如果实际交货时，一级玉米的价格已涨到 USD240/MT，且供不应求，二级玉米的价格为 USD200/MT。则下列说法错误的是（　　）。

A．卖方可交二级玉米 200 公吨

B．卖方按合同价格交 190 公吨一级玉米更为有利

C．卖方按合同价格交 210 公吨一级玉米更为有利

D．卖方可按合同交一级玉米 200 公吨

13．在国际贸易合同中，下列属于品质条款内容的是（　　）。

A．品名　　B．规格　　C．品牌　　D．唛头

14．在国际贸易中，常用的计算重量的方法是（　　）。

A．毛重　　B．公量　　C．理论重量　　D．平均重量

15．下列有关定牌生产的说法，正确的是（　　）。

A．卖方按要求在商品或包装上使用买方指定的商标或品牌

B．卖方按要求在商品或包装上使用卖方的商标或品牌

C．除非另有约定，在我国出口商品和包装上均应标明“中国制造”字样

D．采用定牌往往是为了利用卖方的品牌知名度及其经营能力，扩大商品出口

三、判断题（正确的打“√”，错误的打“×”。每题 1 分，共 15 分）

1. 在出口贸易中，表示品质的方法多种多样，为了明确责任，最好采用既凭样品又凭规格买卖的方法。（　）

2. 为适应国际市场的需要，我方出口工业品时，应力争按买方样品达成交易。（　）

3. 在约定的品质机动幅度或品质公差范围内的品质差异，除非另有规定，一般不另行规定增减价格。（　）

4. 为争取国外客户以便达成交易，出口企业在凭样品买卖的业务中，应尽量选择质量最好的样品请对方确认并签订合同。（　）

5. 卖方为了在交货时有一定的灵活性，签订合同时最好在数量前加一个“约”字。（　）

6. 按照毛重计算重量又称以毛作净。（　）

7. 为防止享有溢短装权利的一方在市场价格上涨或下跌时故意少装或多装货物而从中获利，一般在合同中规定按装运时的市场价格计价。（　）

8. 溢短装条款当中的选择权既可以归卖方，也可以归买方，但是不能归承运人。（　）

9. 运输包装上的标志就是运输标志，也就是通常所说的唛头。（　）

10. 我国出口的商品，除非买卖双方另有规定，中性包装上均需要标明“中国制造”。（　）

11. 包装费用一般都包括在售价之中，不需要在合同中另外列明。（　）

12. 定牌中性包装和无牌中性包装的共同点是都不注明商标或品牌。（　）

13. 我国 A 公司向国外 B 企业出口大豆，合同规定：50 公吨，卖方可溢短装 10%，A 公司装船 56 公吨，到货后 B 企业拒收。按《联合国国际货物销售合同公约》规定，买方有权这样做。（　）

14. F.A.Q.是指上好可销品质，一般对大路货而言。（　）

15. 合同包装条款规定“Packed in 100 wooden cases.”，卖方装运 100 纸箱上船，到货后，买方有权拒收货物。（　）

四、填空题（每空 1 分，共 15 分）

1. 在国际贸易中常用的表示商品品质的方法有两大类：（　　　　）和（　　　　）。

2. 在国际贸易中，机器、电器和仪表等技术密集型产品，一般采用（　　　　　）来表示该货物的品质。

3.（　　　）是指生产者或经营者用来识别所生产或出售的商品的标志，它可由一个或几个具有特色的单词、字母、数字、图形或图片等组成。

4. 在对外贸易中，只要卖方所提供的货物在品质公差范围内，则买方不得拒收，也不能以此要求调整价格。这种方法主要适用于（　　　　　）。

5. 在国际贸易中，常用的度量衡制度有（　　　　）、（　　　　）、（　　　　）和（　　　　）。我国采用的是以（　　　　）为基础的法定计量单位。

6. 根据包装在流通过程中所起的作用不同，可以分为（　　　　）和（　　　　）两种类型。

7. 运输包装上的标志，按其作用可以分为（　　　　）、（　　　　）、（　　　　）。

五、简答题（共 15 分）

1. 凭说明表示货物品质的方法有哪些？（共 6 分）

2. 在国际贸易中，一般采用哪些方法规定数量机动幅度条款？（共 3 分）

3. 溢短装条款包括哪些内容？（共 3 分）

4. 运输标志包括哪些主要内容？（共 3 分）

六、名词解释（每题 3 分，共 9 分）

1．品质机动幅度

2．良好平均品质

3．定牌中性包装

七、计算题（共 9 分）

我国 A 公司向美国 B 公司出口 1 000 纸箱节能灯管，按每纸箱 150 美元的价格出售，合同规定数量允许有 5%增减，由卖方决定。

请问：

（1）A 公司最多可装多少纸箱？最少可装多少纸箱？（共 5 分）

（2）如装运时，恰逢市场价格下跌，价格降为 130 美元/纸箱，则 A 公司装运多少纸箱货物最有利？应收回多少货款？（共 4 分）

八、案例分析题（共 10 分）

1．我国某公司向美国出口一批农产品，合同规定其所含水分最高为 15%，杂质不超过 3%，在成交前我方曾向买方寄过样品，订约后我方又电告对方成交货物与样品相同。货到美国后，买方验货后出具货物的质量比样品差的检验证明，并据此提出索赔 6 000 美元，我方是否应该赔偿？为什么？（共 4 分）

2．我国青岛某公司向日本出口一批苹果。合同及信用证上均写的是三级品，但发货时才发现苹果库存不足，于是该公司改以二级品交货，并在发票上加注：“二级苹果仍按三级计价”。货抵买方后，遭买方拒绝。请问：在上述情况下，买方有无拒付的权利？为什么？（共 6 分）

项目二

国际货物运输

学习指导

国际货物运输是国际贸易中一个重要的组成部分。国际货物运输根据使用的运输工具不同，分为海洋运输、铁路运输、航空运输、邮包运输及联合运输等，其中海洋运输是最主要的运输方式。海洋运输按照船舶的经营方式不同，分为班轮运输和租船运输。租船运输按租赁方式不同，分为定程租船、定期租船和光船租船三大类。

海运提单是承运人或其代理人在收到货物后签发给托运人的一种证件，它体现了承运人与托运人之间的相互关系。提单的性质和作用主要表现在以下三个方面：它是承运人或其代理人出具的货物收据；是物权凭证；是运输契约的证明。

在买卖合同中，装运条款主要包括装运时间、地点、目的港、是否允许分批与转船、装运通知及滞期、速遣条款等项内容。

重点与难点

学习重点

1. 海洋运输的特点、种类和班轮运费的计算；其他国际货物运输方式的特点及分类；

2. 提单的性质、作用和种类；

3. 合同中装运期、装运港、目的港和装卸时间的规定方法。

学习难点

1. 能正确计算班轮运费；
2. 能区分各种货运单据；
3. 会拟订合同中的装运条款。

同步练习

任务一　选择合适的运输方式

一、单项选择题（从每小题给出的四个备选答案中选出一个正确答案，请将所选答案的字母填在题后的括号内）

1. 班轮运输的运费包括（　　）。
   A. 装卸费，不计滞期费、速遣费
   B. 装卸费，应计滞期费、速遣费
   C. 卸货费和应计滞期费，不计速遣费
   D. 卸货费和速遣费，不计滞期费
2. 大宗交易的货物如粮食、矿砂、石油、木材的运输，一般都能用（　　）装运。
   A. 班轮运输　　B. 租船运输
   C. 铁路运输　　D. 公路运输
3. 海洋运输一般分为班轮运输和（　　）。
   A. 定期运输　　B. 专线运输
   C. 内河运输　　D. 租船运输
4. 用班轮运输货物，在规定运费计收标准时，如采用“A.V”的规定办法，则表示（　　）。
   A. 按货物的毛重计收　　B. 按货物的体积计收
   C. 按货物的件数计收　　D. 按货物的价格计收
5. 急需物品、鲜活商品及时令性商品的运输适宜采用（　　）。
   A. 包机运输　　B. 集中托运
   C. 急件专递　　D. 班机运输

二、多项选择题（下列每题给出的四个选项中，至少有两个选项是符合题目要求的，请将所选答案的字母填在题后的括号内）

1．国际货物运输方式包括（　　）。

A．国际海洋运输　　B．国际航空运输

C．国际铁路运输　　D．国际公路运输

2．海洋运输的特点是（　　）。

A．通过能力大　　B．运费低廉

C．运输量大　　D．运输速度慢，风险大

3．航空运输中的急件专递，主要适用的商品是（　　）。

A．图纸资料　　B．救灾药品

C．合同样本　　D．数量较大的商品

4．铁路运输的特点是（　　）。

A．运输速度比较快　　B．运输成本较低

C．运输量比较大　　D．手续简便，责任统一

5．海洋运输按照船舶的经营方式不同，可分为（　　）。

A．租船运输　　B．光船运输　　C．班轮运输　　D．定程租船

三、判断题（正确的打“√”，错误的打“×”）

1．某商品每箱体积为 30cm×40cm×50cm，毛重为 62kg，如果班轮运费计收标准为 W/M，则船公司应按尺码吨计收运费最为有利。（　　）

2．在采用租船方式运输大宗货物时，租船合同和买卖合同中均应订立装卸率和滞期速遣条款。（　　）

3．使用班轮运输时，货方不再另行支付装卸费。船、货双方也不计算滞期费和速遣费。（　　）

4．整箱货可直接将集装箱送到集装箱货运站等待装运。（　　）

5．定期租船，是指由船舶所有人负责提供船舶，在指定的港口之间进行一个航次或数个航次，承运指定货物的租船运输。（　　）

四、填空题

1．海洋运输按照船舶经营方式的不同，分为（　　　　）和（　　　　）两种。

2．在国际海运业务中，租船方式分为（　　　　）、（　　　　）和（　　　　）三大类。

3．班轮运费由（　　　　）和（　　　　）两部分构成。

4．在班轮运费的计收标准中，在运价表里如按毛重来计收，用（　　）表示；如按体积或容积来计收，用（　　）表示；如按毛重或体积来计收，用（　　）表示；如按价格来计收，用（　　）表示；当在计算如粮食、豆类、矿石、煤炭等运量大、货价低、装卸容易的农副产品和矿产品时，通常采用（　　　　　　）。

5．集装箱运输货物有（　　　　）和（　　　　）两种装箱方式。

6．铁路运输按营运方式不同，分为（　　　　　　）和（　　　　　　）两种。

7．陆桥运输有（　　　　　　）、（　　　　　　）和（　　　　　　）三种。

五、简答题

1．班轮运输有哪些特点？

2．国际多式联运应具备哪些条件？

3．定程租船和定期租船的主要区别有哪些？

六、名词解释

1．班轮运输

2．国际多式联运

3．定程租船

4．定期租船

七、计算题

1．我国出口某商品共 100 箱，每箱的体积为 30cm×60cm×50cm，毛重为 40kg，查运费表得知该货为 9 级，计费标准为 W/M，基本运费为每运费吨 HK$109，另外收燃油附加费 20%，港口拥挤费 20%，货币贬值附加费 10%。试计算该批货物的运费是多少港元？

2．某公司出口货物共 200 箱，对外报价为每箱 438 美元 CFR 马尼拉，已知该批货物每箱的体积为 45cm×35cm×25cm，毛重为 30kg，商品计费标准为 W/M，基本运费为每运费吨 100 美元，到马尼拉港需加收燃油附加费 20%，货币附加费 10%，港口拥挤费 20%。试求该批货物应付的运费。

任务二　区分各种运输单据

一、单项选择题（从每小题给出的四个备选答案中选出一个正确答案，请将所选答案的字母填在题后的括号内）

1．在收货人栏内列明收货人名称，货物只能交给该收货人，不能背书转让的是（　　）。

A．记名提单　B．指示提单　C．不记名提单　D．清洁提单

2．经过背书才能转让的提单是（　　）。

A．指示提单　B．不记名提单　C．记名提单　D．清洁提单

3．海运提单和航空运单两种运输单据（　　）。

A．均为物权凭证

B．均为“可转让”的物权凭证

C．前者是物权凭证，可以转让；后者不是物权凭证，不可以转让

D．以上说法都不正确

4．承运人收到托运货物，但尚未装船时向托运人签发的提单是（　　）。

A．已装船提单　B．指示提单　C．备运提单　D．清洁提单

5．海运提单之所以能够向银行办理抵押贷款，是因为（　　）。

A．海运提单是承运人签发的货物收据

B．海运提单可以转让

C．海运提单是运输契约的证明

D．海运提单具有物权凭证的性质

二、多项选择题（下列每题给出的四个选项中，至少有两个选项是符合题目要求的，请将所选答案的字母填在题后的括号内）

1．按提单对货物表面状况有无不良批注，可分为（　　）。

A．清洁提单　B．不清洁提单　C．记名提单　D．不记名提单

2．提单按运输方式可分为（　　）。

A．直运提单　B．转船提单　C．联运提单　D．备运提单

3．按提单收货人抬头的不同，提单可分为（　　）。

A．已装船提单　B．指示提单　C．记名提单　D．不记名提单

4．下列不能作为物权凭证进行流通转让的单据是（　　）。

A．航空运单　B．铁路运单　C．海运提单　D．邮包收据

5．根据提单的使用效力不同，提单可分为（　　）。

A．简式提单　　B．全式提单　　C．正本提单　　D．副本提单

三、判断题（正确的打“√”，错误的打“×”）

1．清洁提单是无任何批注的提单。（　　）

2．作为物权凭证的海运提单可用来抵押或转让。（　　）

3．目前使用最多的是“凭指示”并经空白背书的提单，习惯上称其为“空白抬头、空白背书”提单。（　　）

4．海运提单、铁路运单、航空运单都是物权凭证，都可以通过背书转让。（　　）

5．船公司提单指货运代理公司承揽货物后再委托其他船公司运输货物而签发的提单。（　　）

四、填空题

1．提单按其抬头的不同，可分为（　　　　）、（　　　　）和（　　　　）。

2．提单根据货物外表有无不良批注，可分为（　　　　）和（　　　　）。

3．提单根据船舶营运方式的不同，可分为（　　　　）和（　　　　）。

4．航空运单分为（　　　　）和（　　　　）。

5．（　　　　　　）是指证明国际多式联运合同成立及证明多式联运经营人接管货物，并负责按照多式联运合同条款支付货物的单据。

五、简答题

1．提单有哪些性质和作用？

2．提单的种类主要有哪些？

3．联运提单与多式联运单据有什么区别？

六、名词解释

1．提单

2．清洁提单

3．指示提单

任务三　正确拟订合同中的装运条款

一、单项选择题（从每小题给出的四个备选答案中选出一个正确答案，请将所选答案的字母填在题后的括号内）

1．在规定装卸时间的办法中，使用最普遍的是（　　）。

A．日或连续日　　B．累计 24 小时好天气工作日

C．连续 24 小时好天气工作日　　D．连续 24 小时工作日

2．下列装运港和目的港的规定方法中，叙述不正确的是（　　）。

A．一般只规定一个装运港和目的港

B．不需要列明港口名称

C．可规定选择港

D．可酌情规定两个或两个以上的装运港和目的港

3．按 UCP600 的解释，若信用证条款中未明确规定是否允许“分批装运”、“转运”，则应视为（　　）。

A．可允许分批装运

B．可允许分批装运和转运

C．可允许装运，但不允许分批装运

D．不允许分批装运和转运

4．下列不属于装运期的规定方法的是（　　）。

A．明确规定具体装运期限

B．规定在收到信用证后若干天内装运

C．收到信汇、电汇或票汇后若干天内装运

D．规定在交货期若干天前装运

5．在国际贸易买卖合同中，使用较普遍的装运期的规定办法是（　　）。

A．明确规定具体的装运时间

B．规定收到信用证后若干天内装运

C．收到信汇、电汇或票汇后若干天内装运

D．笼统规定近期装运

二、多项选择题（下列每题给出的四个选项中，至少有两个选项是符合题目要求的，请将所选答案的字母填在题后的括号内）

1．国际货物买卖中常见的装运港和目的港的规定方法有（　　）。

A．笼统地规定装运港和目的港

B．一般情况下，只规定一个装运港和一个目的港

C．大宗商品可规定两个装运港和目的港

D．在双方洽商暂无法确定装运港和目的港时，可采用选择港的方式

2．国际货物买卖合同中常见的装运期的规定方法有（　　）。

A．规定在某一天装运

B．规定在收到信用证后的若干天内装运

C．收到 30%电汇货款后在 30 天内装运

D．明确规定具体的装运期限

3．规定装运港和目的港时，应注意（　　）。

A．力求具体、明确

B．注意装卸港的条件

C．不能接受内陆城市为装卸港口的条件

D．注意国外港口有无重名的问题

4．常见装卸时间的规定方法有（　　）。

A．按日或连续日　　B．累计 24 小时工作日

C．连续 24 小时晴天工作日　　D．连续 24 小时晴天日

5．分批装运的规定方法有（　　）。

A．只注明允许分批装运，但不作具体规定

B．规定不准分批装运

C．规定分批的时间和数量

D．根据实际货物装船情况，卖方自行确定

三、判断题（正确的打“√”，错误的打“×”）

1．装运条款主要包括装运时间、地点、目的港、是否允许分批与转船、装运通知及滞期、速遣条款等项内容。（　　）

2．按惯例，速遣费通常为滞期费的一半。（　　）

3．凡装在同一航次、同一条船上的货物，即使装运时间和装运地点不同，也不作分批装运。（　　）

4．根据《跟单信用证统一惯例》的规定，如果信用证没有明确规定是否允许分批装运及转船，应理解为允许。（　　）

5．在信用证业务中，除非信用证明示不准分批装运和转船，否则卖方有权分批装运和转船。（　　）

四、填空题

1．装卸时间的规定方法有（　　　　）、（　　　　）和（　　　　）。

2．装运时间的规定方法有（　　　　）、（　　　　）和（　　　　）。

3．（　　　　）是卖方将货物装上运输工具或交给承运人的期限。

4．（　　　　）是指在规定的装卸期限内，租船人未完成装卸作业，给船方造成经济损失，租船人根据超过的时间向船方支付一定的罚金。

5．UCP600 规定：同一船只、同一航次中多次装运的货物，即使提单表示不同的装船日期及不同的装货港口，也不作为（　　　　）。

五、简答题

1．装运港和目的港的规定方法有哪些？

2．规定装运期应注意哪些问题？

六、名词解释

分批装运

七、案例分析题

我国某公司与美国某客商以 FOB 条件出口大枣 5 000 箱，5 月份装运，合同和信用证均规定不允许分批装运。我方于 5 月 10 日将 3 000 箱货物装上“喜庆”轮，取得 5 月 10 日的海运提单；又于 5 月 15 日将 2 000 箱货物装上“飞雁”轮，取得 5 月 15 日的海运提单，两轮的货物在新加坡转船，均由“顺风”轮运往旧金山港。

请问：我方的做法是否合适？将导致什么结果，为什么？

综合练习二

一、单项选择题（从每小题给出的四个备选答案中选出一个正确答案，请将所选答案的字母填在题后的括号内，每题 1 分，共 10 分）

1．采用班轮运送货物，如果运费计收标准为“W”，则表示（　　）。

A．按货物毛重计收　　B．按货物体积计收

C．按商品价格计收　　D．按货物件数计收

2．采用班轮运送货物，如果运费计收标准为“M”，则表示（　　）。

A．按货物毛重计收　　B．按货物体积计收

C．按商品价格计收　　D．按货物件数计收

3．小件急需品和贵重货物，适宜的运输方式是（　　）。

A．海洋运输　　B．邮包运输　　C．航空运输　　D．公路运输

4．我国内地经铁路供应港澳地区的货物，交银行收汇的运输凭证是（　　）。

A．国际铁路联运单　　B．国内铁路联运单

C．承运货物收据　　D．多式联运单据

5．LCL 表示（　　）。

A．整箱货　　B．拼箱货　　C．集装箱堆场　　D．集装箱货运站

6．国际多式联合运输是以至少两种不同的运输方式将货物从一国境内接受货物的地点运至另一国境内指定交付货物的地点的运输，它由（　　）。

A．一个联运经营人负责货物的全程运输，运费按全程费率一次计收

B．一个联运经营人负责货物的全程运输，运费按不同运输方式分别计收

C．一个联运经营人负责货物的全程运输，运费按全程费率一次计收

D．多种运输方式组成，分别经营，分别计费

7．我国出口到朝鲜的石油，一般采用的运输方式是（　　）。

A．公路运输　　B．河流运输　　C．管道运输　　D．铁路运输

8．下列说法中，不属于班轮运输特点的是（　　）。

A．有固定的航线、固定的港口、固定航期和相对稳定的运费费率

B．由船方负责对货物的装卸，运费中包括装卸费

C．以运送大宗货物为主

D．不规定滞期、速遣条款

9. 在进出口业务中，能够作为物权凭证的运输单据有（　　）。

A. 铁路运单　B. 海运提单　C. 航空运单　D. 邮包收据

10. 某出口商品每件净重 30kg，毛重 34kg，每件体积 40cm×30cm×20cm。如果班轮运价计费标准为 W/M10 级，则船公司计收运费时应按（　　）。

A. 毛重计收　B. 净重计收　C. 体积计收　D. 价值计收

二、多项选择题（下列每题给出的四个选项中，至少有两个选项是符合题目要求的，请将所选答案的字母填在题后的括号内，每题 2 分，共 20 分）

1. 海洋运输的特点包括（　　）。

A. 通过能力强　B. 运费低　C. 运量固定　D. 运量大

2. 国际货物买卖合同中比较常见的装运期的规定方法有（　　）。

A. 规定在某一天装运　B. 规定在收到信用证后若干天内装运

C. 笼统地规定装运期　D. 明确规定具体的装运期限

3. 班轮运费的计收标准为（　　）。

A. 按重量吨计收　B. 按尺码吨计收

C. 按价格计收　D. 按重量吨或尺码吨计收

4. 航空运输的方式包括（　　）。

A. 包机运输　B. 集中托运　C. 急件专递　D. 班机运输

5. 班轮运输的运费应包括（　　）。

A. 装卸费　B. 滞期费

C. 速遣费　D. 平仓费、理仓费

6. 在进出口业务中，不能作为物权凭证的运输单据有（　　）。

A. 铁路运单　B. 海运提单　C. 航空运单　D. 邮包收据

7. 班轮运输的特点是（　　）。

A. 定线、定港、定期和相对稳定的运费费率

B. 由船方负责对货物的装卸，运费中包括装卸费，不规定滞期、速遣条款

C. 承运货物的品种、数量较为灵活

D. 双方权利、义务、责任豁免以船公司签发的提单的有关规定为依据

8. 根据货物是否已经装船，提单可分为（　　）。

A. 清洁提单　B. 已装船提单　C. 不清洁提单　D. 备运提单

9．国际贸易中的租船运输包括（　　）。

A．定程租船　B．定期租船　C．班轮运输　D．光船租船

10．按提单对货物表面状况有无不良批注，可分为（　　）。

A．清洁提单　B．转船提单　C．不清洁提单　D．舱面提单

三、判断题（正确的打“√”，错误的打“×”，每题1分，共10分）

1．全套正本海运提单一式三份，其中一份提货后，其余各份均告失效。（　　）

2．滞期费只能在租船合同中出现。（　　）

3．不清洁提单是指提单上有污渍。（　　）

4．航空公司签发的运单称为分运单；航空货运公司签发的运单称为总运单。（　　）

5．海运提单、铁路提单、航空运单都是物权凭证，都可以通过背书转让。（　　）

6．按照国际惯例，凡是装在同一航次及同一条船上的货物，即使装运时间与装运地点不同，也不作为分批装运论处。（　　）

7．空白抬头、空白背书的提单是指既不填写收货人又不要背书的提单。（　　）

8．我国在合同中规定装卸时间，一般采用连续24小时晴天工作日的方法。（　　）

9．在班轮和不定期船运输业务中，为保障船方利益，承租双方要在运输契约中规定滞期、速遣条款。（　　）

10．按照UCP600的规定，除非信用证另有规定，允许分批和转船。（　　）

四、填空题（每空1分，共20分）

1. 按照海洋运输船舶经营方式的不同，海洋运输可分为（　　）和（　　）。

2．滞期费是速遣费的（　　）。

3．少量货物或杂货，通常多采用（　　）运输。

4．班轮运费有（　　）和（　　）两部分。

5．按签发提单时货物是否装船，提单可分为（　　）和（　　）。

6．按收货人抬头不同，提单可分为（　　）、（　　）和（　　）。

7．按船舶的经营方式不同，提单可分为（　　）和（　　）。

8. 装卸时间的规定方法有（　　）、（　　）和（　　）。

9. 铁路运输按经营方式的不同，可分为（　　）和（　　）。

10．指示提单的背书有（　　　　　　　　）和（　　　　　　　　）。

五、简答题（共 14 分）

1．班轮运输有哪些特点？（共 3 分）

2．买卖合同中的装运条款包括哪些内容？装运时间如何规定？（共 3 分）

3．海运提单有什么性质和作用？（共 3 分）

4．国际多式联运应具备哪些条件？（共 5 分）

六、名词解释（每题 3 分，共 12 分）

1．分批装运

2．清洁提单

3．国际多式联运

4．班轮运输

七、计算题（共 11 分）

1．我国某公司出口洗衣粉 100 箱，该商品内包装为塑料袋，每袋 0.5kg。外包装为纸箱，每箱 100 袋。箱的尺寸为：长 45cm，宽 35 cm，高 25cm。基本运费为每运费吨 HK$367，另加收燃油附加费 33%，港口附加费 5%，转船附加费 15%，计费标准为“W/M”，试计算该批商品的运费为多少？（共 8 分）

2．我国某公司向东京某进口商出口自行车 100 箱，每箱一件，每箱体积是 20cm×50cm×120cm，计收运费的标准为“M”，基本运费为每运费吨 HK$280，另加收燃油附加费 30%，港口拥挤费 10%，问该批商品的运费是多少？（共 3 分）

八、案例分析题（共 10 分）

我某农产品进出口公司向国外某贸易公司出口一批花生仁，国外客户在合同规定的开证时间内开来一份不可撤销信用证，证中的装运条款规定“Shipment from Chinese Port to Singapore in May, Partial Shipment Prohibited.”。农产品进出口公司按证中条款规定，于 4 月 15 日将 200 吨花生仁在福州港装上“嘉陵”号轮，又由同轮在厦门港续装 300 吨花生仁，4 月 20 日农产品进出口公司同时取得了福州港和厦门港签发的两套提单。农产品公司在信用证有效期内到银行交单议付，却遭到银行以单证不符为由拒付货款。

请问：银行的拒付是否有理，为什么？

项目三

国际货物运输保险

学习指导

在国际贸易漫长的运输途中，多个装卸环节及各种风险都有可能导致货物受损，而货物运输保险是进出口商转嫁运输风险，以及由此造成损失的一种必要措施。海洋货物运输保险是最常用的货运保险方式，海洋货物运输保险承保的范围是风险、损失和费用。

根据中国人民保险公司《海洋运输货物保险条款》规定，海洋运输货物保险的险别按照能否单独投保划分为基本险和附加险两大类。基本险根据承保的责任范围不同，又分为平安险、水渍险和一切险三种，其中平安险承保的责任范围最小，水渍险居中，一切险最大。世界上多数国家都有自己的保险条款，其中影响最大的是英国伦敦保险协会制定的《协会货物条款》(简称 ICC)。

我国陆、空、邮货物运输保险是在海运保险的基础上发展起来的。由于陆运、空运货物与邮包运输可能遭致货物损失的风险种类不同，因而其险别及承保范围与海运保险有所不同。

在进出口货物运输保险业务中，应当做的工作有：确定投保的险别、确定保险金额、支付保险费、领取保险单据、办理投保手续和保险索赔等。

重点与难点

学习重点

1. 海洋货物运输保险承保的风险与损失的分类；

2. 我国《海洋运输货物保险条款》的基本险和附加险的责任范围及责任起讫；其他运输保险条款的责任范围及责任起讫；

3. 保险金额和保险费的计算及我国进出口货物运输保险的基本做法。

学习难点

1. 能正确选择保险险别；

2. 能正确计算保险金额和保险费；

3. 会办理进出口货物的运输保险。

同步练习

任务一　区分海运货物保险的风险与损失

一、单项选择题（从每小题给出的四个备选答案中选出一个正确答案，请将所选答案的字母填在题后的括号内）

1. 在保险人所承保的海上风险中，恶劣气候、地震属于（　　）。

A. 自然灾害　　B. 意外事故

C. 一般外来风险　　D. 特殊外来风险

2. 在保险人所承保的海上风险中，搁浅、触礁属于（　　）。

A. 自然灾害　　B. 意外事故

C. 一般外来风险　　D. 特殊外来风险

3. 在海运过程中，被保险物茶叶经串味后不能饮用，这种海上损失属于（　　）。

A. 实际全损　　B. 推定全损

C. 共同海损　　D. 单独海损

4. 战争、罢工、拒收及交货不到等风险属于（　　）。

A. 自然灾害　　B. 意外事故

C. 一般外来风险　　D. 特殊外来风险

5. 在海运过程中，船舶因故搁浅，船长为脱浅将部分货物抛入海中以卸载，这部分货物损失属于（　　）。

A. 共同海损　　B. 单独海损

C. 实际全损　　D. 推定全损

二、多项选择题（下列每题给出的四个选项中，至少有两个选项是符合题目要求的，请将所选答案的字母填在题后的括号内）

1. 在海上货物运输保险业务中，构成被保险货物“实际全损”的情况有（　　）。

A. 保险标的物完全灭失

B. 保险标的物遭受严重损害已丧失原有用途，已不具有任何使用价值

C. 被保险人对被保险货物的所有权已无法挽回地被完全剥夺

D. 船舶失踪，达到一定期限，仍杳无音信

2. 根据我国《海洋运输货物保险条款》规定，一般附加险包括（　　）。

A. 短量险　　B. 偷窃险

C. 交货不到险　　D. 串味险

3. 下列海上风险中，属于自然灾害的是（　　）。

A. 海啸　　B. 火山爆发

C. 触礁　　D. 雷电

4. 下列海上风险中，属于意外事故的是（　　）。

A. 沉没　　B. 失踪

C. 爆炸　　D. 地震

5. 构成共同海损必须具备的条件是（　　）。

A. 危险的客观性

B. 行为的有意性，损失的合理性

C. 牺牲的特殊性，费用的额外性

D. 结果的有效性

三、判断题（正确的打“√”，错误的打“×”）

1. 战争、罢工等风险所造成的损失是一般外来风险损失。（　　）

2. 偷窃、雨淋、短量等风险所造成的损失是特殊外来风险损失。（　　）

3. 按惯例，共同海损的牺牲和费用要由船方、货方、运费方共同承担责任，即在最后获救价值的基础上按比例分摊，这种分摊称为共同海损的分摊。（　　）

4. 海上风险包括海上发生一切危险，主要有自然灾害和意外事故。（　　）

5. 共同海损所采取的行为或措施必须是有意识的，由此产生的损失必须是合理的，是为了船、货的共同安全。（　　）

四、填空题

1．根据我国《海洋运输货物保险条款》规定，海洋货物运输保险承保的风险可分为（　　　　）与（　　　　）两种。

2．海上损失按照损失的程度不同，分为（　　　　）和（　　　　）。

3．部分损失按照损失的性质不同，分为（　　　　）与（　　　　）两种。

4．海洋运输货物保险的费用主要包括（　　　　）和（　　　　）两种。

5．按惯例，共同海损的牺牲和费用要由（　　）、（　　）、（　　）三方共同承担责任。

五、简答题

1．构成共同海损必须具备哪些条件？

2．共同海损和单独海损有什么区别？

六、名词解释

1．自然灾害

2．意外事故

3．全部损失

4．部分损失

5．共同海损

6．单独海损

七、案例分析题

某货轮从天津新港驶往新加坡，在航行途中船舶货舱失火，大火蔓延到机舱。船长为了船、货的共同安全，下令往舱内灌水，火很快就被扑灭，但是由于主机受损，无法继续航行。于是船长决定雇用拖轮将船拖回新港修理，修好后重新驶往新加坡。这次造成的损失有：（1）1 000 箱货被火烧毁；（2）600 箱货被水浇湿；（3）主机和部分甲板被烧坏；（4）所雇用拖轮产生的费用；（5）额外增加的燃料费用和船上人员的工资。

请问：从损失的性质来看，上述损失各属于何种损失？为什么？

任务二　选择合适的海运货物保险条款

一、单项选择题（从每小题给出的四个备选答案中选出一个正确答案，请将所选答案的字母填在题后的括号内）

1. 包含平安险和水渍险在内的是（　　）。

A. 一般附加险　B. 特别附加险　C. 一切险　D. ICC（A）

2. “仓至仓条款”是（　　）。

A. 承运人运输责任起讫的条款

B. 被保险人保险责任起讫的条款

C. 出口人交货责任起讫的条款

D. 保险人对被保险货物承担保险责任起讫的条款

3. 在伦敦保险协会制定的《协会货物条款》的三种主要险别中，保险人责任最小的险别是（　　）。

A. A 险　B. B 险　C. C 险　D. 一切险

4. 下列不属于一切险承保范围内的是（　　）。

A. 偷窃、提货不着险　B. 战争险

C. 钩损险　D. 包装破裂险

5. 下列属于特殊附加险承保范围内的是（　　）。

A. 淡水雨淋险　B. 交货不到险　C. 破碎险　D. 锈损险

二、多项选择题（下列每题给出的四个选项中，至少有两个选项是符合题目要求的，请将所选答案的字母填在题后的括号内）

1. 出口茶叶，为防止运输途中串味，办理保险时，应投保（　　）。

A. 串味险　B. 平安险加串味险

C. 水渍险加串味险　D. 一切险

2. 为防止运输途中货物被偷窃，应投保（　　）。

A. 偷窃提货不着险　B. 一切险

C. 一切险加保偷窃险　D. 水渍险加保偷窃险

3. 英国《协会货物险条款》与中国《海运货物保险条款》规定的险别在承保范围上大体相当的是（　　）。

A. ICC（B）与水渍险　B. 一切险与 ICC（A）

C. 一切险与 ICC（C）　D. ICC（C）与平安险

4. 为避免在海运途中运输工具已经发生搁浅、触礁、沉没、焚毁等意外事故之后又在海上遭受恶劣气候、雷电、海啸等自然灾害所造成的部分损失，出口商可以投保（　　）。

A．平安险　　B．水渍险　　C．一切险　　D．附加险

5. 为避免被保险货物在运输途中，由于恶劣气候、雷电、海啸、地震、洪水等自然灾害所造成的部分损失，出口商可以投保（　　）。

A．平安险　　B．水渍险　　C．一切险　　D．附加险

三、判断题（正确的打“√”，错误的打“×”）

1. 基本险可以单独投保；附加险不能单独投保，只能在投保基本险的基础上加保。（　　）

2. 平安险承保的责任范围最小，一切险居中，水渍险最大。（　　）

3. 若投保的是一切险，就不必加保一般附加险。（　　）

4. 进出口花生、谷物等货物应加保黄曲霉素险。（　　）

5. 世界上多数国家都有自己的保险条款，其中影响最大的是英国伦敦保险协会制定的《协会货物条款》。（　　）

四、填空题

1. 根据中国人民保险公司《海洋运输货物保险条款》规定，海洋运输货物保险的险别按照能否单独投保划分为（　　　　）和（　　　　）两大类。

2. 基本险根据承保的责任范围不同，又分为（　　　　）、（　　　　）和（　　　　）三种。

3. 基本险的责任起讫期限通常采用国际保险业惯用的（　　　　）。

4. 附加险根据其承保的损失的性质不同，分为（　　　　）和（　　　　）。

5. 英国伦敦保险协会制定的《协会货物条款》共设六种险别，基本险有（　　　　）、（　　　　）和（　　　　）三种。

五、简答题

1. 中国海洋货物运输保险的基本险有几种？其责任范围如何？

2．中国海洋货物运输保险的附加险是如何分类的？各包括哪些种类？

3．英国伦敦保险协会制定的《协会货物条款》有哪些险别？

六、名词解释

仓至仓条款

任务三　选择合适的其他运输保险条款

一、单项选择题（从每小题给出的四个备选答案中选出一个正确答案，请将所选答案的字母填在题后的括号内）

1. 一批货物通过陆路从中国境内运往中国境外，为了避免在运输过程中，遭受隧道坍塌、崖崩或失火、爆炸等意外事故所造成的全部或部分损失，出口商可以投保（　　）。

   A. 陆运险　B. 基本险　C. 陆运一切险　D. 附加险

2. 一批货物通过陆路从中国境内运往中国境外，为了避免在运输过程中遭受偷窃、渗漏、破损等全部或部分损失，出口商可以投保（　　）。

   A. 陆运险　B. 基本险　C. 陆运一切险　D. 附加险

3. 陆运险和陆运一切险相当于海运中的（　　）。

   A. 一切险和水渍险　B. 水渍险和一切险
   C. 平安险和水渍险　D. 一切险和战争险

4. 一批货物用飞机从中国运往韩国，为了避免被保险货物在运输途中遭受自然灾害或意外事故而被抛弃，出口商可以投保（　　）。

   A. 陆运险　B. 陆运一切险　C. 航空运输险　D. 航空运输一切险

5. 航空运输险和航空运输一切险相当于海运中的（　　）。

   A. 一切险和水渍险　B. 水渍险和一切险
   C. 平安险和水渍险　D. 一切险和战争险

二、多项选择题（下列每题给出的四个选项中，至少有两个选项是符合题目要求的，请将所选答案的字母填在题后的括号内）

1. 在陆上运输险中，基本险按照承保的责任范围不同，分为（　　）。

   A. 陆运险　B. 平安险　C. 陆运一切险　D. 水渍险

2. 航空运输险可分为（　　）。

   A. 陆运险　B. 陆运一切险
   C. 航空运输险　D. 航空运输一切险

3. 邮政运输多采用陆、空、海等交通方式，因此邮包险的责任范围包括（　　）。

   A. 陆运险　B. 海运水渍险
   C. 陆运一切险　D. 航空运输险

4. 我国对外贸易货物运输保险可分为（　　）。

A. 海上运输保险　　B. 陆上运输保险

C. 航空运输保险　　D. 邮包运输保险

5. 邮包一切险的责任范围包括（　　）。

A. 海运一切险　　B. 航空运输一切险

C. 陆运一切险　　D. 航空运输险

三、判断题（正确的打“√”，错误的打“×”）

1.《陆上运输货物保险条款》规定，陆运战争险仅限于火车运输的货物。（　　）

2. 邮包险的附加险也包括战争险和罢工险，加保方式与海运险相同。（　　）

3. 航空运输一切险的责任范围与海洋运输保险条款中的一切险相似，除包括航空运输险的各项责任外，还包括被保险货物由于特殊原因所造成的全部或部分损失。（　　）

4. 在投保航空运输险或航空运输一切险时，还可以根据需要加保战争险或罢工险等附加险，加保方式与海运险相同。（　　）

5. 陆上货物运输罢工险加保方式与海运险的罢工险类似，即可以在加保战争险的同时再加保罢工险，不另收费，但若仅要求加保罢工险，则按罢工险费率收取保费。（　　）

任务四　办理进出口货物运输保险

一、单项选择题（从每小题给出的四个备选答案中选出一个正确答案，请将所选答案的字母填在题后的括号内）

1. 我公司以 CIF 条件与外商达成一笔出口交易，按《INCOTERMS 2000》的规定，如果外商对保险未提出要求，则我方应投保（　　）。

A. 一切险　　B. 水渍险

C. 平安险　　D. 一切险加战争险

2. 如果信用证明确规定提交的单据为保险单时，则议付行不接受（　　）。

A. 预约保险单　　B. 保险单

C. 大保单　　D. 保险凭证

3.（　　）是保险公司与投保人订立的一种正规的保险合同。

A. 预约保险单　　B. 保险单

C. 小保单　　D. 保险凭证

4. 我方以 CIF 条件成交一笔出口业务，若合同中没有规定投保加几成，按国际惯例，应投保加（　　）。

A. 一成　　B. 二成　　C. 三成　　D. 四成

5.（　　）是一种简化的保险合同，俗称小保单。

A. 预约保险单　　B. 保险单

C. 大保单　　D. 保险凭证

二、多项选择题（下列每题给出的四个选项中，至少有两个选项是符合题目要求的，请将所选答案的字母填在题后的括号内）

1. 目前，我国国内的保险公司多数出具的出口保险凭证是（　　）。

A. 预约保险单　　B. 保险单

C. 保险凭证　　D. 大保单

2. 我国常用的保险单据主要有（　　）。

A. 预约保险单　　B. 保险单

C. 保险凭证　　D. 大保单

3. 出口货物的投保手续有（　　）。

A. 投保人填写投保单　　B. 保险公司审核投保单

C. 保险公司收取保费　　D. 投保人缮制保险单

4. 保险索赔应满足的条件是（　　）。

A. 被保险人要求赔偿的损失，必须是承保责任范围内的风险所造成的损失

B. 被保险人是保险单的合法持有人

C. 必须在索赔有效期内提出索赔

D. 被保险人必须拥有保险利益

三、判断题（正确的打“√”，错误的打“×”）

1. 保险费率是计收保险费的依据，保险费率的高低取决于保险险别，不同的险别有不同的费率，由保险公司事先确定。（　　）

2. 保险单据是保险公司与被保险人权利、义务的契约，是被保险人或受让人索赔和保险人理赔的依据，是进出口贸易结算的主要单据之一。（　　）

3．保险凭证俗称大保单，是保险公司与投保人订立的一种正规的保险合同；保险单俗称小保单，是一种简化的保险合同。（　　）

4．在实际业务中，预约保险单适用于以 FOB、CFR 条件成交的进口货物的投保，可以防止因漏保或迟保而造成的无法弥补的损失。（　　）

5．我国出口货物一般按 CIF 条件成交，由卖方办理保险，采用的是逐笔投保的办法。（　　）

四、填空题

1．在进出口货物运输保险业务中，在确定了投保的险别后还应当做的工作有：（　　　　）、（　　　　）、（　　　　）、（　　　　）和（　　　　）。

2．保险金额的计算公式为：保险金额 =（　　）价×（1+投保加成率）。

3．我国常用的保险单据主要有（　　　　）、（　　　　）和（　　　　）等。

4．保险费的计算公式为：保险费 =（　　）价×（1+投保加成率）×（　　）。

5．为简化投保手续和防止出现漏保或来不及办理投保等情况，我国进口货物一般采取（　　　　）进行投保。

五、简答题

1．在订立保险条款时应注意哪些问题？

2．出口货物有哪些投保手续？

六、名词解释

1．保险单

2．保险凭证

3．预约保险单

七、计算题

某公司出口一批衣服到日本东京，共 1 000 箱。合同规定：衣服数量共 10 000 件，单价为每件 10 美元 CIF 东京。我方按国际惯例投保平安险，保险费率为 0.3%。求这批衣服的保险金额为多少？应向保险公司支付多少保险费？

综合练习三

一、单项选择题（从每小题给出的四个备选答案中选出一个正确答案，请将所选答案的字母填在题后的括号内，每题 1 分，共 10 分）

1．根据我国《海洋运输货物保险条款》规定，一切险包括（　　）。

A．平安险加一般附加险　　B．水渍险加一般附加险

C．一般附加险加特殊附加险　　D．一切险加一般附加险

2．仓至仓条款是（　　）。

A．承运人负责运输起讫的条款

B．保险人负责保险责任起讫的条款

C．出口人负责交货责任起讫的条款

D．进口人负责付款责任起讫的条款

3．我国某公司出口一批水泥，因船舶触礁，水泥被海水浸泡结块而丧失其原有用途，这种损失属于（　　）。

A．部分损失　　B．共同损失　　C．实际全损　　D．推定全损

4．根据我国《海洋运输货物保险条款》规定，可以单独投保的险别是（　　）。

A．邮包险的附加险　　B．特殊附加险

C．一切险　　D．一般附加险

5．一批货物在海运途中发生承保范围内的损失，经修理后继续运到目的地，但其修理费用超过货物修复后的价值，这种损失属于（　　）。

A．实际全损　　B．推定全损　　C．共同海损　　D．单独海损

6．我方按 CIF 条件成交一批出口货物，投保时按国际惯例应投保（　　）。

A．平安险　　B．一切险　　C．水渍险　　D．平安险加一切险

7．某公司出口一批货物，按 CIF 价格的 110%投保了一切险，在此基础上还可加保（　　）。

A．平安险和渗漏险　　B．破碎险和战争险

C．罢工险和战争险　　D．水渍险和战争险

8．下列不属于一切险承保范围内的是（　　）。

A．偷窃、提货不着险　　B．拒收险

C．钩损险　　D．包装破裂险

9. 下列属于特殊附加险承保范围内的是（　　）。

A. 淡水雨淋险　　B. 进口关税险

C. 偷窃、提货不着险　　D. 锈损险

10. 我国某远洋货轮在开往美国的航行途中，A 舱起火，船长误以为 B 舱也同时起火，命令对两舱同时淋水施救。A 舱共有两批货物，甲批货物全部焚毁，乙批货物为儿童玩具，全部遭受水浸，B 舱货物也都遭受水浸，则（　　）。

A. A 舱乙批货物属于共同海损，B 舱货损属于单独海损

B. A 舱乙批货物与 B 舱货损都属于单独海损

C. A 舱乙批货物与 B 舱货损都属于共同海损

D. A 舱乙批货物属于单独海损，B 舱货损属于共同海损

二、多项选择题（下列每题给出的四个选项中，至少有两个选项是符合题目要求的，请将所选答案的字母填在题后的括号内，每题 2 分，共 20 分）

1. 在海上货物运输保险业务中，构成被保险货物实际全损的情况有（　　）。

A. 整船货物被大火烧毁

B. 水泥遭水泡后结成硬块

C. 船、货被海盗劫去或被敌对国没收不能再要回

D. 船舶失踪，达到一定期限，仍杳无音信

2. 根据我国《海洋运输货物保险条款》的规定，海洋运输货物保险中的基本险有（　　）。

A. 平安险　　B. 特殊附加险

C. 一切险　　D. 水渍险

3. 土畜产公司出口一批肠衣，为防止在运输途中因容器损坏而引起渗漏损失，保险时应投保（　　）。

A. 渗漏险　　B. 一切险

C. 一切险加渗漏险　　D. 水渍险加渗漏险

4. 共同海损与单独海损的区别体现在（　　）。

A. 共同海损属于全部损失，单独海损属于部分损失

B. 共同海损由保险公司负责赔偿，单独海损由受损方自行承担

C. 共同海损是为了解除船、货面临的共同危险而人为造成的，单独海损是承保范围内的风险直接导致的损失

D．共同海损由受益各方按受益大小的比例分摊，单独海损由受损方自行承担

5．根据我国《海洋运输货物保险条款》规定，一般附加险包括（　　）。

A．短量险　B．舱面险　C．交货不到险　D．渗漏险

6．下列海上风险中，属于自然灾害的是（　　）。

A．恶劣气候　B．地震　C．沉没　D．搁浅

7．构成共同海损必须具备的条件是（　　）。

A．危险的客观性　B．行为的有意性，损失的合理性

C．牺牲的特殊性，费用的额外性　D．结果的有效性

8．为避免被保险货物在运输途中，由于恶劣气候、雷电、海啸、地震、洪水等自然灾害造成的全部损失，出口商可以投保（　　）。

A．平安险　B．水渍险　C．一切险　D．附加险

9．我国常用的保险单据主要有（　　）。

A．预约保险单　B．保险单　C．保险凭证　D．大保单

10．我国对外贸易货物运输保险可分为（　　）。

A．海上运输保险　B．陆上运输保险

C．航空运输保险　D．邮包运输保险

三、判断题（正确的打“√”，错误的打“×”，每题1分，共10分）

1．在装卸或转船过程中一件或数件货物落海造成的全部或部分损失属于平安险的承保范围。（　　）

2．按国际保险市场的习惯，投保了战争险，再加保罢工险时一般不再加收保险费；如仅要求加保罢工险，则按战争险费率收费。（　　）

3．某货物100箱投保了平安险，在运输途中因遇到暴风雨导致货物损坏20箱，保险公司应予以赔偿。（　　）

4．平安险与水渍险的主要区别是前者保险公司不承保自然灾害造成的部分损失，而后者则承保此项损失。（　　）

5．我方出口服装10 000件，根据合同规定投保了水渍险。运输途中因为货舱淡水管破裂，致使其中1 000件服装受到水渍，保险公司对此损失不予赔偿。（　　）

6．伦敦保险协会制定的《协会货物条款》有6种险别，这6种险别都能单独投保。（　　）

7. 我国《海洋运输货物保险条款》的基本险和伦敦保险协会制定的《协会货物条款》均适用仓至仓条款。（　　）

8. 我方出口一批货物，投保了平安险，装船时两件货物落入海里，该损失应由保险公司予以赔偿。（　　）

9. 保险凭证在法律上与保险单具有同等法律效力。（　　）

10. 预约保险单适用于出口货物的保险，还可以防止因漏保或迟保而造成的无法弥补的损失。（　　）

四、填空题（每空 1 分，共 19 分）

1. 海上损失按照损失的程度不同，分为（　　　　）和（　　　　）。

2. 部分损失按照损失的性质不同，分为（　　　　）和（　　　　）两种。

3. 按照惯例，共同海损的牺牲和费用要由（　　　　）、（　　　　）、（　　　　）三方共同承担责任。

4. 基本险根据承保的责任范围不同，又分为（　　　　）、（　　　　）和（　　　　）三种。

5. 基本险的责任起讫期限通常采用国际保险业惯用的（　　　　）。

6. 保险金额的计算公式为：保险金额 ＝（　　　　）价×（1+投保加成率）。

7. 我国常用的保险单据主要有（　　　　）、（　　　　）和（　　　　）等。

8. 保险费的计算公式为：保险费 ＝（　　）价×（1+投保加成率）×（　　）。

9. 在海洋运输货物保险业务中，共同海损属于（　　　　）损失。

10. 一般附加险包括在（　　　　）之中。

五、简答题（共 48 分）

1. 共同海损必须具备哪些条件？（共 4 分）

2．共同海损和单独海损有什么区别？（共 9 分）

3．我国《海洋运输货物保险条款》的基本险有几种？其责任范围如何？（共 14 分）

4．我国《海洋运输货物保险条款》的附加险是如何分类的？各包括哪些种类？（共 21 分）

六、名词解释（每题 3 分，共 12 分）

1．共同海损

2．单独海损

3．仓至仓条款

4．保险单

七、计算题（共 8 分）

1．我国出口一批货物，发票金额为 10 000 美元，如果加一成投保一切险和战争险，保险费率为 0.6%和 0.4%，问该笔业务保险费应为多少？（共 3 分）

2．我方以 60 美元/箱 CIF 东京出口某商品 2 000 箱。货物出口前，由我方向中国人民保险公司投保水渍险、串味险及受潮受热险，保险费率分别是 0.7%、0.3%和 0.4%，按发票金额的 110%投保。试求：这批货物的投保金额和保险费各是多少？（共 5 分）

八、案例分析题（共 8 分）

1. 某货轮在航行途中因设备故障起火，该船的第四舱发生火灾，灌水灭火后统计损失，被烧毁货物价值为 5 000 美元，因灌水救火被水浸坏货物损失为 6 000 美元，船方宣布均为共同海损，试根据上述案例分析回答下列问题：

（1）船长宣布均为共同海损是否合理？

（2）被烧毁的货物损失 5 000 美元属于什么性质的损失，应由谁承担？

（3）被水浸坏的货物损失 6 000 美元属于什么性质的损失，应由谁承担？

（每题 1 分，共 3 分）

2. 有一批货物出口运往欧洲某港口，出口前该批货物已按发票总值的 110%投保了平安险，运载该批货物的海轮于 2010 年 7 月 10 日在海上遇到台风，致使一部分货物受到水渍，损失价值为 2 000 美元。该船在继续航行时，又因海上大雾与另一艘船相撞，致使该批货物又遭到部分损失，价值为 3 000 美元。请问：该批货物的上述损失保险公司是否应该赔偿？为什么？（共 5 分）

项目四

国际贸易术语与价格条款

学习指导

在国际贸易中，FOB、CFR、CIF和FCA、CPT、CIP是使用较多的贸易术语，其中FOB、CFR、CIF术语只适用于海洋运输，FCA、CPT、CIP术语适用于各种运输方式。各种贸易术语对买卖双方的义务从三个方面进行了规定：风险、责任和费用。

货物的价格是国际货物买卖的主要交易条件，价格条款是买卖合同中不可或缺的合同条款。在国际贸易中，商品价格通常使用单价，单价由四部分组成，即计量单位、价格金额、计价货币和贸易术语。在磋商价格时，有时会涉及佣金和折扣。

重点与难点

学习重点

1. 贸易术语的国际惯例；
2. 从风险、责任和费用三个方面掌握FOB、CFR、CIF和FCA、CPT、CIP 6种贸易术语；
3. 价格的构成，佣金和折扣的计算公式；
4. 能正确计算佣金和折扣。

学习难点

1. 会对三种常用的贸易术语之间的价格进行换算；
2. 会拟订价格条款。

同步练习

任务一　认知国际贸易术语

一、单项选择题（从每小题给出的四个备选答案中选出一个正确答案，请将所选答案的字母填在题后的括号内）

1．下列贸易术语是装运港船上交货的是（　　）。

A．FOB　　B．CIF　　C．CFR　　D．DDP

2．根据《2000 年国际贸易术语解释通则》，下列仅适用于水上运输的贸易术语是（　　）。

A．FCA　　B．CPT　　C．FOB　　D．DDU

3．根据《2000 年国际贸易术语解释通则》，下列适用于任何运输的贸易术语是（　　）。

A．FCA　　B．CIF　　C．FOB　　D．CFR

4．用（　　）术语订立的合同属于到货合同。

A．DAF　　B．CIF　　C．FOB　　D．CFR

5．用（　　）术语订立的合同属于发货合同。

A．FCA　　B．CIF　　C．EXW　　D．CFR

二、多项选择题（下列每题给出的四个选项中，至少有两个选项是符合题目要求的，请将所选答案的字母填在题后的括号内）

1．下列贸易术语中，主要运费未付的术语是（　　）。

A．FCA　　B．CIF　　C．FAS　　D．CPT

2．下列贸易术语中，主要运费已付的术语是（　　）。

A．CFR　　B．CIF　　C．EXW　　D．CIP

3．下列贸易术语中，仅适合水上运输的术语是（　　）。

A．CFR　　B．CIF　　C．DEQ　　D．CPT

4．下列贸易术语中，适合任何运输的术语是（　　）。

A．EXW　　B．DDU　　C．DAS　　D．DDP

5．用（　　）术语订立的合同属于装运合同。

A．FCA　　　B．CIF　　　C．EXW　　　D．CFR

三、判断题（正确的打“√”，错误的打“×”）

1．在《2000年国际贸易术语解释通则》的13种贸易术语中，买方承担风险最大的贸易术语是EXW，风险最小的是DDP。（　　）

2．在《2000年国际贸易术语解释通则》的13种贸易术语中，卖方承担风险最小的贸易术语是EXW，风险最大的是DDP。（　　）

3．国际贸易术语是法律，因而它具有法律的强制性。（　　）

4．《2000年国际贸易术语解释通则》中C组贸易术语的主要特点是费用和风险的划分点都在装运港。（　　）

5．装运港船上交货（……指定装运港）的英文全称是Free on Board。（　　）

四、填空题

1．目前，国际上影响较大的关于贸易术语的国际贸易惯例主要有（　　　　　）、（　　　　　）和（　　　　　）三种。

2．《2000年国际贸易术语解释通则》将13种术语分为（　　）、（　　）、（　　）和（　　）四组。

3．按（　　）组术语订立的合同属于发货合同，按F组和C组术语订立的合同属于（　　　　），按D组术语订立的合同属于（　　　　）。

4．C组术语包括（　　）、（　　）、（　　）和（　　）四个，该组术语重要特点是（　　）划分点和（　　）划分点是相分离的。

5．F组术语包括（　　）、（　　）和（　　）三个。

6．中英互译：FCA（　　　　）、FAS（　　　　　）、CPT（　　　　）、装运港船上交货（　　）、工厂交货（　　）、成本加运费（　　）、CIF（　　）、DDP（　　）、CIP（　　）。

7．《2000年国际贸易术语解释通则》中13种贸易术语仅适用水上运输的有（　　）、（　　）、（　　）、（　　）、（　　）、（　　）。

五、简答题

1．在国际上影响较大的国际贸易术语惯例有哪些？

2．C 组术语的主要特点是什么？

六、名词解释

贸易术语

任务二　选择合适的贸易术语

一、单项选择题（从每小题给出的四个备选答案中选出一个正确答案，请将所选答案的字母填在题后的括号内）

1．下列贸易术语后面应跟装运港的是（　　）。

A．FOB　　B．CIF　　C．CFR　　D．DDP

2．在《2000 年国际贸易术语解释通则》的 13 种贸易术语中，买方承担风险最大的贸易术语是（　　）。

A．DDP　　B．FOB　　C．EXW　　D．CFR

3．按照《2000 年国际贸易术语解释通则》的解释，采用 FOB、CFR 和 CIF 术语成交，买卖双方风险划分的界限是（　　）。

A．装运港船舷　　B．装运港船边

C．装运港船上　　D．目的港船上

4．采用 FOB 贸易术语，如果卖方不愿意承担装船费用，应选用（　　）。

A．FOB Stowed

B．FOB Trimmed

C．FOB Stowed and Trimmed

D．FOB Liner Terms

5．在 CFR 合同中，由买方负担卸货费用的是（　　）。

A．CFR Liner Terms　　B．CFR Under Ship's Tackle

C．CFR Landed　　D．CFR Ex Ship's Hold

6．在 CIF 合同中，卖方欲不负担卸货费，应选择（　　）。

A．CIF Liner Terms　　B．CIF Under Ship's Tackle

C．CIF Ex Ship's Hold　　D．CIF Landed

7．根据《2000 年国际贸易术语解释通则》的解释，采用 FCA 术语时，买卖双方风险划分的界限是（　　）。

A．货交买方处置　　B．货交承运人

C．出口国交货地点　　D．将货物装上承运人的运输工具

8．根据《2000 年国际贸易术语解释通则》的解释，若以 CIP 术语成交，下列属于买方义务的是（　　）。

A．租船订舱　　B．办理保险，支付保费

C．取得进口许可证　　D．提供商业发票

9．按照《2000 年国际贸易术语解释通则》的解释，采用 FOB ST 术语成交，买卖双方风险划分的界限是（　　）。

A．装运港船舷　B．装运港船边　C．装运港船上　D．目的港船上

10．在象征性交货方式下，卖方的义务是（　　）。

A．凭单付款　　B．实际交货

C．凭单交货　　D．既交单又实际交货

二、多项选择题（下列每题给出的四个选项中，至少有两个选项是符合题目要求的，请将所选答案的字母填在题后的括号内）

1．下列贸易术语后面应跟目的港的是（　　）。

A．FOB　B．CIF　C．CFR　D．DDP

2．采用 FOB 贸易术语，如果卖方愿意承担装船费用，应选用（　　）。

A．FOB Liner Terms　　B．FOB Under Tackle

C．FOB Trimmed　　D．FOB Stowed

3．在 CFR 合同中，由卖方负担卸货费用的是（　　）。

A．CFR Liner Terms　　B．CFR Landed

C．CFR Ex Ship's Hold　　D．CFR Under Ship's Tackle

4．在 CIF 合同中，由买方负担卸货费用的是（　　）。

A．CIF Liner Terms　　B．CIF Landed

C．CIF Ex Ship's Hold　　D．CIF Under Ship's Tackle

5．按照《2000 年国际贸易术语解释通则》的解释，FOB、CFR 和 CIF 三个贸易术语的相同点是（　　）。

A．只适用于水上运输　　B．适用于任何运输

C．交货地点均为装运港船上　　D．风险划分的界限均为装运港船舷

6．根据《2000 年国际贸易术语解释通则》的解释，按 CFR 术语成交，卖方应承担的义务是（　　）。

A．提交商业发票和运输单据　　B．办理运输保险

C．租船订舱　　D．取得出口许可证

7．根据《2000 年国际贸易术语解释通则》的解释，按 FOB 术语成交，买方应承担的义务是（　　）。

A．提交商业发票和运输单据　　B．支付货款

C．租船订舱　　D．取得进口许可证

8．根据《2000 年国际贸易术语解释通则》的解释，按 CPT 术语成交，卖方应承担的义务是（　　）。

A．租船订舱　　B．办理保险，支付保费

C．取得出口许可证　　D．提供商业发票和运输单据

9．风险转移点均是货交承运人的术语是（　　）。

A．CPT　　B．DDU　　C．CIP　　D．FCA

10．下列关于贸易术语的变形，说法正确的是（　　）。

A．术语变形只说明装卸费用由谁负担的问题

B．改变了交货地点

C．没有改变风险的划分点

D．风险的转移以装运港船舷为界

三、判断题（正确的打“√”，错误的打“×”）

1．CIF Landed London 是指卖方必须将货物交到纽约岸上，才算完成交货义务。（　　）

2．我国出口公司向德国出口核桃 3 000 公吨，一般应采用 FOB 青岛。（　　）

3．买卖双方以 FOB 术语签订合同，如果卖方按时交货，而买方没能按时派船，由此产生的各项费用应由卖方负担。（　　）

4．在象征性交货方式下，只要卖方按时向买方提交了符合合同规定的全套单据，

即使货物在运输途中损坏或灭失，买方也必须履行付款义务。（　　）

5．按 FOB Stowed 条件成交，卖方不需要负担装船费和理舱费。（　　）

6．如果交易双方同意采用 CFR Landed 术语成交，则货到目的港后由卖方承担卸货费用。（　　）

7．CFR 和 CPT 术语中的卖方有订立运输合同并支付运费，同时办理保险并支付保费的义务。（　　）

8．按 FOB 上海和 CIF 东京订立的合同都属于装运合同。（　　）

9．按照《2000 年国际贸易术语解释通则》的解释，运费、保险费付至（……指定目的地）指的是 CPT 术语。（　　）

10．CIP 与 CPT 术语相比，卖方义务增加了“自付费用，办理合同约定的货物保险”，其他义务与 CPT 术语相同。（　　）

四、填空题

1．FOB 术语的后面要注明（　　　　）港的名称；CFR 和 CIF 术语的后面要注明（　　　　）港的名称。

2．如果买方按时派船，而卖方没能按时交货，而由此产生的（　　　　）、（　　　　）等费用应由卖方负担。

3．FOB 术语的变形只说明（　　　　　）由谁负担的问题，没有改变 FOB 交货地点及（　　　　　）的划分点。

4．按 CFR 条件成交时，卖方装船后务必及时向买方发出（　　　　　），否则，（　　　）应承担货物在运输途中的风险和损失。

5．从交货方式来看，（　　）是一种典型的象征性交货。

6．FOB 班轮条件（　　　）负担装船费用；CIF 班轮条件（　　　）负担卸货费用。

7．在 CIP 术语下，卖方有责任支付将货物运至目的地的运费和保险费，但风险的转移仍以（　　　　　）为界。

8．（　　　）是卖方义务最大、买方义务最小的术语，也是唯一一个由卖方负责进口清关的术语。（　　　）是卖方义务最小、买方义务最大的术语，也是唯一一个由买方负责出口清关的术语。

9．在 CIP 术语下，卖方有责任办理保险、支付保费，但风险的转移仍以

（　　　　　　）为界。

10. DES 的英文全称为“Delivered Ex Ship（…named port of destination）”，其中文含义是（　　　　　）。

五、简答题

1. FOB 术语买卖双方的义务是什么?

2. CFR 术语买卖双方的义务是什么?

3. CIF 术语买卖双方的义务是什么?

4．试比较 FOB 、CFR、 CIF 三种贸易术语的异同。

六、名词解释

1．FOB 术语

2．CFR 术语

3．CIF 术语

4．象征性交货

任务三　拟订价格条款

一、单项选择题（从每小题给出的四个备选答案中选出一个正确答案，请将所选答案的字母填在题后的括号内）

1．我国某公司出口烟台苹果，下列单价写法正确的是（　　）。

A．每箱 250 美元　　B．每箱 250 美元 CIF 伦敦

C．每箱 250 美元 CIF 广州　　D．250 美元

2．已知 CIF 价格为 100 美元，佣金率为 2%，则 CIF 含佣价是（　　）。

A．102 美元　　B．2.00 美元　　C．10.2 美元　　D．2.04 美元

3．（　　）是价格条款的核心。

A．计价数量单位　　B．计价货币

C．单位价格金额　　D．贸易术语

4．在合同价格条款中表示的佣金，我们称之为（　　）。

A．明佣　　B．含佣价　　C．暗佣　　D．佣金

5．含有佣金的价格，我们称之为（　　）。

A．明佣　　B．暗佣　　C．含佣价　　D．佣金

二、多项选择题（下列每题给出的四个选项中，至少有两个选项是符合题目要求的，请将所选答案的字母填在题后的括号内）

1．进出口商品单价通常由（　　）组成。

A．计价数量单位　　B．计价货币

C．单位价格金额　　D．贸易术语

2．在国际货物买卖中，计价货币通常是（　　）。

A．出口国货币　　B．第三国货币

C．进口国货币　　D．以上都不是

3．不同的贸易术语表示的价格构成因素不同，下列说法正确的是（　　）。

A．FOB 术语中不包括从装运港至目的港的运费和保险费

B．CFR 术语中包括从装运港至目的港的通常运费

C．CIF 术语中不包括从装运港至目的港的通常运费，只包括通常保险费

D．CIF 术语中既包括从装运港至目的港的通常运费，又包括通常保险费

4．关于贸易术语价格之间的换算公式，下列正确的是（　　）。

A．CFR 价=FOB 价+国外运费

B．FOB 价=CFR 价–国外运费

C．CIF 价=CFR 价/[1–保险费率×（1+投保加成率）]

D．FOB 价=CIF 价×[1–保险费率×（1+投保加成率）]–国外运费

5．下列属于佣金的表示方法的是（　　）。

A．USD 100 per M/T CIF New York including 3% commission

B．USD 100 Per M/T CIF C3% New York

C．USD 120 per M/T CIF D1% London

D．USD 15 per M/T for commission

三、判断题（正确的打“√”，错误的打“×”）

1．我国某公司出口某商品的单价是每件 785 美元 FOB 纽约。（　　）

2．我国某公司出口某商品的单价是每箱 35 美元 CIF 美国。（　　）

3．我国某公司出口某商品的单价是每吨 7 500 日元 CIF3%大阪。（　　）

4．我国某公司出口某商品的单价是每打 75 元 FOB 伦敦。（　　）

5．我国某公司出口某商品的单价是每吨 600 英镑 CFR 上海。（　　）

四、填空题

1．进出口商品的单价通常由（　　　　）、（　　　　）、（　　　　）和（　　　　）四要素组成。

2．在我国对外贸易中，一般以合同的（　　　　）作为计算佣金的基数。

3．通常把不包含佣金和折扣的价格称为（　　　）；把含有佣金的价格称为（　　　）。

4．佣金的计算公式为（　　　　）；净价的计算公式为（　　　　）；含佣价的计算公式为（　　　　）。

5．合同中的价格条款，一般包括商品的（　　　）和（　　　）两项基本内容。

五、简答题

1．佣金的表示方法有几种？

2．拟订价格条款时应注意哪些问题？

六、名词解释

1．佣金

2．折扣

3．净价

4．含佣价

七、计算题

1．我国某公司出口货物一批，对外报价为每公吨 2 000 美元 CFR New York，对方客户要求改报 CIF New York。已知大连到纽约的运费为每公吨 150 美元，投保一切险费率为 1%，保险加成率为 10%，请计算 CIF New York 报价。

2．我国某出口商品报价为：USD 400 Per Set CFRC3% New York。试计算 CFR 净价和佣金各为多少？

综合练习四

一、单项选择题（从每小题给出的四个备选答案中选出一个正确答案，请将所选答案的字母填在题后的括号内，每题 1 分，共 10 分）

1．下列贸易术语后面应跟装运港的是（　　）。

A．FOB　　B．CIF　　C．CFR　　D．DDP

2．下列术语订立的合同属于到货合同的是（　　）。

A．DES　　B．CIF　　C．FOB　　D．EXW

3．下列术语订立的合同属于发货合同的是（　　）。

A．DAF　　B．FOB　　C．EXW　　D．CFR

4．在《2000 年国际贸易术语解释通则》的 13 种贸易术语中，买方承担风险最大的的贸易术语是（　　）。

A．DDP　　B．FOB　　C．EXW　　D．CFR

5．按照《2000 年国际贸易术语解释通则》的解释，采用 FOB、CFR 和 CIF 术语成交，买卖双方风险划分的界限是（　　）。

A．装运港船舷　　B．装运港船边　　C．装运港船上　　D．目的港船上

6．采用 FOB 贸易术语，如果卖方不愿意承担装船费用，应选用（　　）。

A．FOB Stowed　　B．FOB Trimmed

C．FOB Stowed and Trimmed　　D．FOB Liner Terms

7．在 CFR 合同中，由买方负担卸货费用的是（　　）。

A．CFR Liner Terms　　B．CFR Under Ship’s Tackle

C．CFR Landed　　D．CFR Ex Ship’s Hold

8．在 CIF 合同中，卖方欲不负担卸货费，应选择（　　）。

A．CIF Liner Terms　　B．CIF Under Ship’s Tackle

C．CIF Ex Ship’s Hold　　D．CIF Landed

9．根据《2000 年国际贸易术语解释通则》的解释，采用 FCA 术语时，买卖双方风险划分的界限是（　　）

A．货交买方处置　　B．货交承运人

C．出口国交货地点　　D．将货物装上承运人的运输工具

10．根据《2000 年国际贸易术语解释通则》的解释，若以 CIP 术语成交，下列属于

买方义务的是（　　）。

A．租船订舱　　B．办理保险，支付保费

C．取得进口许可证　　D．提供商业发票

二、多项选择题（下列每题给出的四个选项中，至少有两个选项是符合题目要求的，请将所选答案的字母填在题后的括号内，每题 2 分，共 20 分）

1．下列贸易术语中，仅适合水上运输的术语是（　　）。

A．EXW　　B．FOB　　C．DEQ　　D．CIP

2．下列贸易术语中，适合任何运输的术语是（　　）。

A．EXW　　B．DDU　　C．CIF　　D．FCA

3．采用 FOB 贸易术语，如果买方愿意承担装船费用，应选用（　　）。

A．FOB Liner Terms　　B．FOB Under Tackle

C．FOB Trimmed　　D．FOB Stowed

4．在 CFR 合同中，由卖方负担卸货费用的是（　　）。

A．CFR Liner Terms　　B．CFR Landed

C．CFR Ex Ship's Hold　　D．CFR Under Ship's Tackle

5．按下列术语订立的合同属于装运合同的是（　　）。

A．FOB 上海　　B．CIF 东京　　C．DES 新加坡　　D．CFR 伦敦

6．按照《2000 年国际贸易术语解释通则》，买卖双方费用划分界限与风险划分界限相离的贸易术语有（　　）。

A．FOB　　B．CIF　　C．FCA　　D．CFR

7．根据《2000 年国际贸易术语解释通则》的规定，C 组贸易术语的特点是（　　）。

A．卖方要确保按时完成装运并保证按时到货

B．均属于装运合同

C．由卖方订立运输合同，并承担相关费用

D．费用划分点与风险划分点是相分离的

8．下列是我国出口商品的单价，表达不正确的是（　　）。

A．每桶 250 美元　　B．每桶 250 美元 CIF 伦敦

C．每桶 250 美元 CIF 广州　　D．250 美元

9. 根据《2000年国际贸易术语解释通则》的解释，若以CPT术语成交，下列属于卖方义务的是（　　）。

A. 租船订舱　　B. 办理保险，支付保费

C. 取得出口许可证　　D. 提供商业发票

10. FOB、CFR与CIF术语的共同点是（　　）。

A. 均适合水上运输方式

B. 风险转移点均在装运港船舷

C. 风险划分点和费用划分点是相分离的

D. 订立的合同都属于“装运合同”

三、判断题（正确的打“√”，错误的打“×”，每题1分，共10分）

1. 在《2000年国际贸易术语解释通则》的13种贸易术语中，卖方承担风险最小的贸易术语是EXW，风险最大的是DDP。（　　）

2. 国际贸易术语是法律，因而它具有法律的强制性。（　　）

3. 买卖双方以FOB术语签订合同，如果卖方按时交货，而买方没能按时派船，由此产生的各项费用应由卖方承担。（　　）

4. 在象征性交货方式下，买方是凭单交货，卖方是凭单付款，只要卖方按时向买方提交了符合合同规定的全套单据，即使货物在运输途中损坏或灭失，买方也必须履行付款义务。（　　）

5. 我国出口某商品的单价是每件785美元FOB纽约。（　　）

6. 按FOB Stowed 条件成交时，表示卖方不需要负担装船费和理舱费。（　　）

7. 如果交易双方同意采用CFR Landed 术语成交，则货到目的港后由卖方承担卸货费用。（　　）

8. CFR和CPT术语中的卖方有订立运输合同并支付运费，同时办理保险并支付保费的义务。（　　）

9. 按FOB上海和CIF东京订立的合同都属于装运合同。（　　）

10. 按照《2000年国际贸易术语解释通则》的解释，运费、保险费付至（……指定目的港）是指CIP术语。（　　）

四、填空题（每空1分，共30分）

1. 目前，国际上影响较大的关于贸易术语的国际贸易惯例主要有（　　　　）、（　　　　）和（　　　　）三种。

2．C 组术语的重要特点是（　　　）划分点和（　　　）划分点是相分离的。

3．《2000 年国际贸易术语解释通则》中 13 种贸易术语适合任何运输方式的有（　　）、（　　）、（　　）、（　　）、（　　）、（　　）、（　　）。

4．《2000 年国际贸易术语解释通则》中 13 种贸易术语订立的合同，属于装运合同的有（　　）、（　　）、（　　）、（　　）、（　　）、（　　）、（　　）。

5．Free on Board 的中文含义是（　　　　　　　　）。

6．FOB 术语的变形只是解决（　　　　　　）由谁负担的问题，CIF 术语的变形只是解决（　　　　　　）由谁负担的问题，没有改变 FOB 和 CIF 术语交货地点及风险的划分点。

7．从交货方式来看，（　　　）是一种典型的象征性交货。

8．根据《2000 年国际贸易术语解释通则》，由买方负责办理出口清关手续的术语是（　　　），由卖方负责办理进口清关手续的术语是（　　　）。

9．按 CFR 条件成交时，卖方装船后务必及时向（　　　）发出装船通知，否则，卖方应承担货物在运输途中的风险和损失。

10．进出口商品单价通常由（　　　　　　）、（　　　　　　）、（　　　　　　）、（　　　　　　）组成。

五、简答题（共 28 分）

1．FOB 术语买卖双方的义务是什么？（共 8 分）

2．CIF 术语买卖双方的义务是什么？（共 8 分）

3．试比较 FOB 、CFR、 CIF 三种贸易术语的异同。（共 12 分）

六、名词解释（每题 3 分，共 18 分）

1．FOB 术语

2．CFR 术语

3．CIF 术语

4．象征性交货

5．佣金

6．折扣

七、计算题（共 11 分）

1．我国某公司出口货物一批，对外报价为每公吨 2 000 美元 FOB 青岛，对方客户要求改报 CIF New York，已知青岛到纽约的运费为每公吨为 150 美元，投保一切险费率为 10%，保险加成率为 10%，请计算 CIF New York 报价。（共 3 分）

2．我国某出口商品报价为：USD 600 Per Set CFR C3% New York，对方要求将佣金增加到 5%，我方同意，但出口净收入不变。试问 CFR C5%应如何报价？（共 5 分）

3．我国某出口商品报价为每公吨 2 000 美元 CIF 纽约，外方要求佣金为 5%。我方同意，但出口净收入不变。试问应如何报价？（共 3 分）

项目五

国际货款支付方式

学习指导

在国际贸易中，国际货款如何支付是一个很复杂的问题，也是买卖双方密切关注的重要问题之一。国际货款支付主要涉及支付工具的使用和支付方式的选择。

在国际贸易中，用于结算的票据主要包括汇票、本票和支票，其中汇票是国际结算最主要的票据。

国际货款的支付方法主要有汇付、托收和信用证三种，采用信用证方式支付最为普遍；汇付、托收都是商业信用，信用证属于银行信用。汇付的方式有信汇、电汇和票汇，电汇是目前国际贸易中采用的主要汇付方式。根据所使用的汇票不同，托收分为光票托收和跟单托收，国际贸易中货款的收取大多采用跟单托收。在跟单托收情况下，根据交单条件的不同，又可分为付款交单和承兑交单两种。信用证是一种银行信用，是一项自足的文件，是一种纯粹的单据业务；在实际操作过程中应注意保证“单证一致”、“单单一致”。

对于支付方式的选用，应根据各个国家、各个市场的不同情况来具体操作。在贯彻本国外贸政策的同时，要分析各种支付方式的优、缺点，选用一种或多种支付方式，最大限度地保证外汇资金安全，加速资金流转，扩大对外贸易往来。

重点与难点

学习重点

1. 汇票、本票和支票的含义及种类；

2. 汇付、托收和信用证的含义及种类；

3. 国际贸易中常用的支付工具与支付方式的具体操作流程。

学习难点

1. 能选择合适的支付工具和支付方式；

2. 能正确描述常用的支付工具与支付方式的具体操作流程。

同步练习

任务一　认知国际货款支付工具

一、单项选择题（从每小题给出的四个备选答案中选出一个正确答案，请将所选答案的字母填在题后的括号内）

1. （　　）是付款人对远期汇票表示承担到期付款责任的行为。

A. 承兑　　B. 出票　　C. 提示　　D. 背书

2. 出票人和受票人都是银行的汇票，称之为（　　）。

A. 远期汇票　　B. 商业汇票

C. 银行汇票　　D. 即期汇票

3. 某公司签发一张汇票，上面注明“At 90 days after sight.”，这是一张（　　）。

A. 即期汇票　　B. 远期汇票　　C. 光票　　D. 跟单汇票

4. 在国际贸易货款结算中，大多采用的结算工具是（　　）。

A. 商业汇票　　B. 跟单汇票

C. 银行汇票　　D. 光票

5. （　　）是指汇票持有人在汇票背面签上自己的名字，或再加上受让人（被背书人）的名字，并把汇票交给受让人的行为。

A. 承兑　　B. 出票　　C. 提示　　D. 背书

6. （　　）是出票人签发的，承诺自己在见票时无条件支付一定金额给收款人或持票人的票据。

A. 汇票　　B. 本票　　C. 支票　　D. 商业汇票

7. （　　）是出票人签发的，委托办理支票存款业务的银行或者其他金融机构在见票时无条件支付确定的金额给收款人或持票人的票据。

A. 汇票　　B. 本票　　C. 支票　　D. 商业汇票

8．国际结算最主要的票据是（　　）。

A．汇票　　B．本票　　C．支票　　D．商业汇票

二、多项选择题（下列每题给出的四个选项中，至少有两个选项是符合题目要求的，请将所选答案的字母填在题后的括号内）

1．汇票的当事人有（　　）。

A．出票人　　B．受款人　　C．付款人　　D．开证行

2．按照付款的时间不同，汇票可分为（　　）。

A．即期汇票　　B．远期汇票

C．跟单汇票　　D．光票

3．汇票在使用时一般要经过的环节有（　　）。

A．出票　　B．提示　　C．承兑　　D．付款

4．根据抬头的填写方式不同，汇票可分为（　　）。

A．限制性抬头　　B．指示性抬头

C．记名抬头　　D．来人抬头

5．按出票人的不同，汇票可分为（　　）。

A．银行汇票　　B．商业汇票　　C．跟单汇票　　D．光票

三、判断题（正确的打"√"，错误的打"×"）

1．商业汇票和银行汇票的主要区别在于前者的付款人是商业企业，后者的付款人是银行。（　　）

2．银行汇票的出票人是银行，所以属于银行信用。（　　）

3．银行汇票是光票，商业汇票是跟单汇票。（　　）

4．汇票、本票、支票都可分为即期和远期两种。（　　）

5．汇票和支票是支付命令，本票是支付承诺。（　　）

四、填空题

1．国际结算中使用的票据主要有（　　　　）、（　　　　）和（　　　　）。

2．按照有无随附商业单据，汇票可分为（　　　　）和（　　　　）。

3．本票的基本当事人只有两个：（　　　　）和（　　　　）。

4．本票可分为（　　　　）和（　　　　）。

5．按照承兑人的不同，汇票可分为（　　　　）和（　　　　）。

五、简答题

1．汇票的主要种类有哪些？

2．支票是汇票的特例，其特殊性表现在哪些方面？

3．汇票、本票和支票有哪些不同之处？

六、名词解释

1．汇票

2．本票

3．支票

任务二　选择合适的国际货款支付方式

一、单项选择题（从每小题给出的四个备选答案中选出一个正确答案，请将所选答案的字母填在题后的括号内）

1．（　　）是指付款人主动通过银行或其他途径将款项汇交收款人。

A．托收　B．票汇　C．汇付　D．信用证

2．（　　）是进口人向本地银行购买银行汇票，自行寄给出口人，出口人凭汇票到指定银行取款的一种汇款方式。

A．电汇　B．票汇　C．汇付　D．信汇

3．目前，国际贸易中采用的主要汇付方式是（　　）。

A．电汇　B．票汇　C．汇付　D．信汇

4．（　　）是指债权人（出口人）出具汇票，委托银行向债务人收取货款的一种支付方式。

A．托收　B．票汇　C．汇付　D．信用证

5．按照《跟单信用证统一惯例》的解释，在信用证中如未注明是否可以撤销，则该证是（　　）。

A．可撤销信用证　B．不可撤销信用证

C．由双方协商决定　D．以上说法都不正确

6．在托收方式下，对出口商来说风险最小的是（　　）。

A．D/P 90 天　B．D/A 60 天　C．D/P 30 天　D．D/A 30 天

7．信用证是进口商根据买卖合同规定的业务向银行申请开立的，信用证的第一付款人是（　　）。

A．进口商　B．开证行　C．通知行　D．议付行

8．以信用证项下的汇票是否附有货运单据来划分，信用证可分为（　　）。

A．不可撤销信用证和可撤销信用证

B．保兑信用证和不保兑信用证

C．跟单信用证和光票信用证

D．循环信用证和不循环信用证

9．合同的买卖双方分别以对方为受益人而开立的信用证是（　　）。

A．对背信用证　　B．对开信用证

C．预支信用证　　D．循环信用证

10．以 L/C，D/P，D/A 三种支付方式结算货款，就卖方的收汇风险而言，从小到大依次排序为（　　）。

A．D/P，D/A 和 L/C　　B．D/A，D/P 和 L/C

C．L/C，D/P 和 D/A　　D．D/P，L/C 和 D/A

二、多项选择题（下列每题给出的四个选项中，至少有两个选项是符合题目要求的，请将所选答案的字母填在题后的括号内）

1．信用证支付方式的特点是（　　）。

A．商业信用　　B．银行信用　　C．单据的买卖　　D．自足的文件

2．汇付的当事人包括（　　）。

A．汇款人　　B．收款人　　C．汇出行　　D．托收行

3．托收的当事人包括（　　）。

A．委托人　　B．汇出行　　C．托收行　　D．付款人

4．根据使用汇票的不同，托收可分为（　　）。

A．跟单托收　　B．付款交单　　C．承兑交单　　D．光票托收

5．根据信用证的性质不同，信用证可分为（　　）。

A．可撤销信用证　　B．跟单信用证

C．可转让信用证　　D．不可撤销信用证

三、判断题（正确的打“√”，错误的打“×”）

1．信用证支付方式属于银行信用，所使用的汇票是银行汇票。（　　）

2．在票汇情况下，买方购买银行汇票寄给卖方，因采用的是银行汇票，故这种付款方式属于银行信用。（　　）

3．对出口商来说，采用 D/A 30 天付款比 D/P 30 天付款承担的风险更大。（　　）

4．付款交单和承兑交单对卖方来说都有一定的风险，但承兑交单最易为买方接受，有利于达成交易。所以，在进出口业务中，应扩大承兑交单的使用。（　　）

5．托收这种支付方式主要用于预付货款、支付定金、分期付款等。（　　）

6．汇票和票汇的区别在于前者是支付工具，后者是支付方式。（　　）

7．不可撤销信用证是指信用证一经开出，在有效期内未经受益人及有关当事人的同意，开证行不能片面修改或撤销的信用证。（　　）

8．信用证是一种银行开立的无条件承诺付款的书面文件。（　　）

四、填空题

1．国际货款的收付方式主要有（　　　　）、（　　　　）和（　　　　）三种。

2．汇付方式可分为（　　　　）、（　　　　）和（　　　　）三种。

3．根据受益人对信用证的权利可否转让，信用证可分为（　　　　　　　　）和（　　　　　　　　）。

4．对开信用证适用于（　　　　　　）、（　　　　　　）和（　　　　　　）业务中。

5．按付款时间的不同，付款交单可分为（　　　　　　）和（　　　　　　）两种。

五、简答题

1．信用证有哪些特点？

2．信用证有哪些种类？

3．信用证有哪些当事人？

六、名词解释

1．汇付

2．托收

3．信用证

4．不可撤销信用证

综合练习五

一、单项选择题（从每小题给出的四个备选答案中选出一个正确答案，请将所选答案的字母填在题后的括号内，每题 1 分，共 10 分）

1．商业汇票一般是（　　）。

A．光票　　B．跟单汇票

C．远期汇票　　D．即期汇票

2．下列属于银行信用的是（　　）。

A．托收　　B．汇付

C．信用证　　D．以上说法都不正确

3．托收方式下的 D/P 和 D/A 的主要区别是（　　）。

A．D/P 属于跟单托收，D/A 属于光票托收

B．D/P 属于付款后交单，D/A 属于承兑后交单

C．D/P 是即期付款，D/A 是远期付款

D．D/P、D/A 对卖方来说没有任何风险，就是收款时间不同

4．在信用证方式下，银行保证向信用证受益人履行付款责任的条件是（　　）。

A．受益人按期履行合同

B．受益人按信用证规定交货

C．受益人提交严格符合信用证要求的单据

D．开证申请人付款赎单

5．本票和汇票的区别主要是（　　）。

A．本票是书面支付承诺，汇票是书面支付命令

B．本票的付款人是银行，汇票的付款人是工商企业

C．本票都是即期的，汇票有即期和远期之分

D．本票的票面有三个当事人，汇票有两个当事人

6．在汇票的使用过程中，使汇票上的一切债务关系终止的环节是（　　）。

A．提示　　B．承兑　　C．背书　　D．付款

7．持票人将汇票提交付款人的行为是（　　）。

A．提示　　B．承兑　　C．背书　　D．退票

8. 接受汇出行的委托将款项解付给收款人的银行是（　　）。

A. 托收银行　　B. 汇入行　　C. 代收行　　D. 转递行

9. 属于汇付活动当事人的是（　　）。

A. 委托人　　B. 汇出行　　C. 解付行　　D. 索偿行

10.（　　）是指开证银行开出的信用证必须是经另一家银行保证兑付的信用证。

A. 不保兑信用证　　B. 可转让信用证

C. 保兑信用证　　D. 不可转让信用证

二、多项选择题（下列每题给出的四个选项中，至少有两个选项是符合题目要求的，请将所选答案的字母填在题后的括号内，每题 2 分，共 20 分）

1. 汇票抬头的写法有三种，具体有（　　）。

A. 限制性抬头　　B. 指示性抬头

C. 记名抬头　　D. 持票人或来人抬头

2. 汇票必须具备的基本内容有（　　）。

A. 无条件支付命令　　B. 汇票的受票人

C. 付款期限　　D. 一定的金额

3. 本票与汇票的区别在于（　　）。

A. 前者是无条件支付承诺，后者是无条件支付命令

B. 前者的票面当事人为两个，后者则有三个

C. 前者在使用过程中不需要承兑，后者则需要承兑

D. 前者的主债务人不会变化，后者的主债务人因承兑而发生变化

4. 汇付包括（　　）。

A. D/D　　B. T/T　　C. M/T　　D. D/A

5. 在一般的信用证业务中，所涉及的当事人包括（　　）。

A. 开证申请人　　B. 开证银行　　C. 受益人　　D. 付款银行

6. 根据交单的条件不同，跟单托收可分为（　　）。

A. 付款交单　　B. 承兑交单　　C. 光票托收　　D. 跟单托收

7. 根据受益人对信用证的权利是否可以转让，信用证可分为（　　）。

A. 不保兑信用证　　B. 可转让信用证

C. 保兑信用证　　D. 不可转让信用证

8．属于商业信用的国际贸易结算方式是（　　）。

A．信用证　　B．托收　　C．汇付　　D．汇款

9．信用证支付方式的特点是（　　）。

A．信用证是银行信用　　B．信用证是自足文件

C．信用证是单据买卖　　D．银行处于第一付款人地位

10．下列关于信用证的说法，不正确的是（　　）。

A．对开信用证适用于分批均匀交货的长期供货合同

B．根据付款时间的不同，信用证可分为即期信用证和远期信用证

C．循环信用证多用于易货贸易、来料加工和补偿贸易

D．信用证各当事人的权利和责任完全以信用证条款为依据，不受买卖合同的约束

三、判断题（正确的打“√”，错误的打“×”，每题 1 分，共 10 分）

1．我国某公司按 CIF 条件出口某商品，采用信用证支付方式，买方在约定时间内未开来信用证，但约定的装运期已到，为了重合同和守信用，我方应按期发运货物。（　　）

2．在票汇的情况下，买方购买银行汇票寄给卖方，因为采用的是银行汇票，故这种付款方式属于银行信用。（　　）

3．在信用证支付方式下，受益人只要在信用证规定的有效期内向银行提交符合信用证规定的全部单据，银行就必须履行付款义务。（　　）

4．银行汇票和商业汇票的主要区别在于，前者的出票人和付款人都是银行，后者的出票人和付款人都是工商企业。（　　）

5．我国《票据法》将支票分为普通支票、现金支票和转账支票三种。（　　）

6．信用证中未注明可否分批装运与转运，即未允许分批装运与转运。（　　）

7．汇付是指债权人（出口人）出具汇票，委托银行向债务人（进口人）收取货款的一种支付方式。（　　）

8．支票的当事人与本票的当事人一样，都有出票人和收款人。（　　）

9．电汇的费用高于信汇，但出口人可以迅速收到货款。（　　）

10．在 D/A 情况下，出口人的交单以进口人的付款为条件。（　　）

四、填空题（每空 1 分，共 25 分）

1．国际贸易中结算的主要票据包括（　　　）、（　　　）和（　　　），

其中使用最多的是（　　　　）。

2．按照出票人不同，汇票可分为（　　　　　　）和（　　　　　　）。

3．托收属于（　　　　）信用，信用证属于（　　　　）信用。

4．按照承兑人的不同，汇票可分为（　　　　　　）、（　　　　　　）。

5．支票的当事人有（　　　　）、（　　　　）和（　　　　）。

6．汇付的种类有（　　　　）、（　　　　）和（　　　　）。

7．托收的当事人有（　　　　）、（　　　　）、（　　　　）和（　　　　）。

8．根据信用证有无其他银行保兑，信用证分为（　　　　）和（　　　　）。

9．根据信用证的性质不同，信用证分为（　　　　　　）和（　　　　　　）。

10．（　　　　）是指受益人要求原证的通知行或其他银行以原证为基础，另开一张内容相似的新信用证。

五、简答题（共 24 分）

1．汇票的主要种类有哪些？（共 4 分）

2．信用证的主要种类有哪些？（共 5 分）

3．汇票、本票和支票的区别有哪些？（共 12 分）

4．信用证有什么特点？（共 3 分）

六、名词解释（每题 3 分，共 18 分）

1．汇票

2．支票

3．信用证

4．托收

5．本票

6．汇付

七、案例分析题（共 17 分）

1. 我国某进出口公司与日商在某年 11 月按 CIF 条件签订一份价值为 10 万元的棉布合同，支付方式为不可撤销即期信用证，日商于次年 3 月上旬通过银行开来信用证，经审核与合同相符，其中保险金额按发票金额加一成。我方在备货期间，日商通过开证行送来一份信用证修改书，内容为将保险金额改为按发票金额加三成。我方按原证规定投保、发货并于货物装运后在信用证有效期内向议付行提交全套装运单据。议付行议付后将全套单据寄给开证行，开证行以保险单与信用证修改书不符为由拒付。请问开证行拒付的理由对否？为什么？（共 9 分）

2．我国江苏省南通市某轻工产品进出口公司向外国某公司进口一批小家电产品，货物分两批装运，支付方式为不可撤销议付信用证，每批分别由中国银行某分行开立一份信用证。第一批货物装运后，卖方在有效期内向银行交单议付，议付行审单后，未发现不符点，即向外方支付货款，随后中国银行对议付行进行了偿付。南通公司在收到第一批货物后，发现货物品质与合同规定不符，进而要求中国银行对第二份信用证项下的单据拒绝付款，但遭到中国银行的拒绝。试问，中国银行这样做是否合理？为什么？（共 8 分）

项目六

检验检疫、索赔、不可抗力和仲裁

学习指导

在国际贸易中，买卖双方常常会因各自的权利和义务问题而引起争议，导致索赔、仲裁和诉讼等情况的发生。为了在合同履行过程中尽量减少争议或在争议发生时能妥善解决，在国际贸易买卖合同中，通常要订立一些预防争议以及当争议发生时如何处理的条款，这些条款虽然并非合同中不可或缺的，也不影响合同的效力，但其涉及订约后可能发生争议的预防和处理，因此在签订合同时，应对检验检疫、索赔、不可抗力及仲裁条款引起足够的重视。

商品检验是买卖双方在货物交接过程中不可或缺的重要环节，检验检疫条款主要包括检验检疫机构，检验检疫权，检验检疫的时间、地点，检验检疫的内容、方法，检验检疫证书及复验的时间、地点等。其中检验检疫时间、地点最为重要，它不仅涉及买卖双方的权利和义务，还涉及有关的法律和国际惯例。

在国际贸易中，根据损失的原因和责任不同，索赔可分为向保险公司索赔、向承运人索赔和向责任方索赔。进出口买卖合同中的索赔条款主要有两种规定方式，一种是异议索赔条款；另一种是罚金条款。

国际货物买卖合同中的不可抗力条款主要包括不可抗力事件的范围、不可抗力的处理原则和办法、事故发生后通知对方的期限和方式以及出具事故证明的机构。不可抗力条款常见的规定方法有概括式、列举式和综合式三种。

在国际贸易中，买卖双方在履约过程中难免会产生争议。解决争议的方式有双方友好协商，由第三者调解，仲裁或诉讼。由于仲裁程序简便、结案较快，已成为普遍采用的一种方式。仲裁条款包括仲裁范围、仲裁地点、仲裁机构、仲裁规则和程序、仲裁裁决的效力及仲裁费用的负担等内容。

重点与难点

学习重点

1. 检验检疫的含义、商品检验检疫机构、检验检疫证书的种类及其作用；
2. 争议的含义及其产生的原因，索赔的含义和对象；
3. 不可抗力的含义、范围及后果；
4. 仲裁的含义、范围、机构、程序、规则及效力。

学习难点

会拟订合同中的商品检验条款、索赔与理赔条款、不可抗力条款和仲裁条款。

同步练习

任务一　认知检验检疫

一、单项选择题（从每小题给出的四个备选答案中选出一个正确答案，请将所选答案的字母填在题后的括号内）

1．在进出口合同的商检条款中，关于检验时间和地点的规定使用最多的是（　　）。

A．在出口国检验

B．在进口国检验

C．在出口国检验，在进口国复检

D．在出口国检验重量，在进口国检验品质

2．下列检验证书不是由商检机构出具的是（　　）。

A．品质证书　　B．重量证书

C．卫生检疫证书　　D．保险凭证

3．下列属于法定检验的商品是（　　）。

A．进出口食品的卫生检验

B．进出口商品的质量认证

C．对法定检验范围以外的进出口商品的抽查检验

D．包装鉴定

4．检验检疫机构依据国家法规对进出口商品通过行政和技术手段进行控制管理和监督的是（　　）。

A．鉴定业务　　B．监督管理

C．法定检验　　D．商品标准化

5．国家质量监督检验检疫总局成立于（　　），主管全国质量、计量、出入境商品检验、出入境卫生检疫、出入境动植物检疫和认证认可、标准化等工作，是行使行政执法职能的国务院直属机构。

A．1998 年 4 月　B．1999 年 4 月　C．2000 年 4 月　D．2001 年 4 月

二、多项选择题（下列每题给出的四个选项中，至少有两个选项是符合题目要求的，请将所选答案的字母填在题后的括号内）

1．法定检验检疫范围包括（　　）。

A．动植物检疫　　B．卫生检验

C．适载检验　　D．包装性能检验

2．进出口货物的鉴定业务范围包括（　　）。

A．残损鉴定　B．数量鉴定　C．包装鉴定　D．集装箱鉴定

3．检验证书的作用是（　　）。

A．作为证明卖方所交货物是否符合合同规定的依据

B．作为买方因商品品质、数量、重量、包装等方面的问题，拒收或索赔的凭证

C．作为卖方向银行议付货款的单据之一

D．作为进出口国海关验放的证件之一

4．商品检验的重要性主要体现在（　　）。

A．保证买卖双方顺利履行合同　　B．把好进口商品质量关

C．把好出口商品质量关　　D．维护国家领土和主权完整

5．国家质量监督检验检疫总局是行使行政执法职能的国务院直属机构，其主管工作是（　　）。

A．出入境商品检验　　B．出入境卫生检疫

C．出入境动植物检疫　　D．质量认证认可

三、判断题（正确的打“√”，错误的打“×”）

1．对装运出口易腐烂变质食品和冷冻品的船舱、集装箱等运输工具实施适载检验属于法定检验的范围。（　　）

2. 法定检验是根据国家规定，对大宗的、关系国计民生的重点进出口商品要进行强制性检验。（　　）

3. 所有的出口商品都必须经过强制性检验检疫。（　　）

4. 对重点的进出口商品及其生产企业实行质量许可制度是检验检疫机构监督管理的范畴。（　　）

5. 法定检验是凭申请或委托办理，而非强制性的；鉴定业务实施的是强制性检验检疫。（　　）

四、填空题

1. 商品检验检疫机构对法定检验范围以外的进出口商品实行（　　　　）。

2.（　　　　）是凭进出口贸易关系人的申请或委托，由第三方公证检验鉴定机构对申请的有关内容所进行的检验鉴定，出具权威的鉴定证书，作为进出口贸易关系人办理进出口商品交接、结算、计费、理算、报关、纳税和处理争议索赔的有效凭证。

3. 检验证书是各种进出口商品（　　　　）、（　　　　）和其他证明书的统称。

4. 检验检疫条款主要包括（　　　　　　），检验检疫权，（　　　　　　），检验检疫内容、方法，检验检疫证书及复验的时间、地点等。

5. 在实际业务中，一般采用在（　　　）检验，（　　　）复验的规定。

任务二　确定索赔条款

一、单项选择题（从每小题给出的四个备选答案中选出一个正确答案，请将所选答案的字母填在题后的括号内）

1. 下列不属于贸易双方发生争议的原因的是（　　）。
   A. 贸易双方按合同要求履行各自的义务
   B. 贸易双方签订的合同条款等内容不明确、不完整
   C. 贸易双方中的一方违反了合同规定的义务
   D. 贸易双方对合同条款理解不一致

2. 在国际贸易中，凡属承保范围内的货物损失，应向（　　）索赔。
   A. 卖方　　B. 承运人　　C. 保险公司　　D. 买方

3. 在CIF合同的履行中，码头工人违反装运规定，导致数件货物包装破损，买方收货后发现货物受损，应该向（　　）索赔。

A．卖方 B．船长 C．买方 D．保险公司

4．在国际贸易中，凡属承运人的责任造成货物损失的，应向（ ）索赔。

A．卖方 B．承运人 C．保险公司 D．买方

5．（ ）是指违约方对受害方所提赔偿要求的受理和处理。

A．理赔 B．索赔 C．索赔和理赔 D．争议

二、多项选择题（下列每题给出的四个选项中，至少有两个选项是符合题目要求的，请将所选答案的字母填在题后的括号内）

1．在国际贸易中，根据损失的原因和责任不同，索赔的对象有可能是（ ）。

A．责任方 B．承运人 C．保险公司 D．政府

2．异议与索赔条款的内容主要包括（ ）。

A．索赔依据 B．索赔对象 C．索赔期限 D．赔偿金额

3．罚金条款主要适用于（ ）。

A．卖方延期交货 B．买方迟开信用证

C．买方延期接货 D．买方延迟付款

4．在大宗货物买卖或机器、设备之类的进出口买卖合同中，涉及索赔方面一般需要订立（ ）。

A．异议和索赔条款 B．罚金条款

C．仓至仓条款 D．先行赔付条款

5．下列情况适用异议与索赔条款的是（ ）。

A．合同约定交货 500 木箱，实际交货 400 木箱

B．卖方未在合同规定的时间内交货

C．买方收到货物后，无正当理由拒付货款

D．合同约定为一级茶叶，卖方实际交货为二级茶叶

三、判断题（正确的打“√”，错误的打“×”）

1．罚金就是由违约方向对方支付预先约定的金额，以补偿对方的损失，从其性质上来看就是违约金。（ ）

2．理赔是指受损方向违约方提出损害赔偿的要求。（ ）

3．索赔是指违约方对受害方所提赔偿要求的受理和处理。（ ）

4．某批货物通过海运出口，CIF 汉堡，承保一切险，在海运途中遭遇自然灾害，货物全部损失，则买方应向船公司索赔。（ ）

5．某批货物通过海运出口，CIF 汉堡，承保平安险，在海运途中遭遇自然灾害，造成部分货物损失，则买方应向保险公司索赔。（　）

四、填空题

1．进出口买卖合同中的索赔条款主要有两种规定方式，一种是（　　）；另一种是（　　）。

2．（　　）是指受损方向违约方提出损害赔偿的要求；（　　）是指违约方对受害方所提赔偿要求的受理和处理。

3．在国际贸易中，根据损失的原因和责任不同，索赔的对象主要包括（　　）、（　　）和（　　）。

4．异议与索赔条款的内容主要包括（　　）与（　　）。

5．（　　）是指签订合同的一方认为另一方未能全部或部分履行合同约定的义务或承担相应责任而引起的合同当事人之间的纠纷。

五、名词解释

1．索赔

2．理赔

任务三　订立不可抗力条款

一、单项选择题（从每小题给出的四个备选答案中选出一个正确答案，请将所选答案的字母填在题后的括号内）

1．不可抗力事件是指（　）。

A．当事人不能预见、无法避免和控制的事件

B．当事人不能预见和避免，也不能克服的事件

C．当事人不能预见和避免，但能克服的事件

D．当事人可以预见但不可避免的事件

2．在我国不可抗力事件证明文件的出具机构是（　）。

A．外经贸部　　B．出入境检验检疫局

C．海关　　D．中国国际贸易促进委员会

3．我国作为卖方出口一批货物，在海上遭遇暴风雨，不能按时交货，应以电报或电传的方式，在（　　）天内以航空挂号信的形式向买方提供事故详细情况的证明文件。

A．7　　B．10　　C．15　　D．30

4．某公司于 2011 年 10 月与外商签订一份农产品出口合同，交货期为当年 10～12 月。签约后派人去产区收货，但由于该年 7～8 月产区遭受旱灾，产品无收，出口人能否以不可抗力为由撤销合同？（　　）

A．能够撤销合同

B．不能撤销合同

C．需对灾情进行调查，视情况而定

D．以上说法都不正确

5．下列不可抗力条款的规定方法中，最可取的是（　　）。

A．概括式规定　　B．综合式规定

C．列举式规定　　D．条文式规定

二、多项选择题（下列每题给出的四个选项中，至少有两个选项是符合题目要求的，请将所选答案的字母填在题后的括号内）

1．国际货物买卖合同中的不可抗力条款主要包括（　　）。

A．不可抗力事件的范围

B．不可抗力的处理原则和办法

C．事故发生后通知对方的期限和方式

D．出具事故证明的机构

2．在国外，出具不可抗力事故证明的机构通常是事故发生地的（　　）。

A．商会　　B．公证机构

C．政府主管部门　　D．卖方所在企业

3．不可抗力的后果是（　　）。

A．解除合同　　B．如期履行合同

C．延期履行合同　　D．降价履行合同

4．不可抗力事件的范围较广，原因一般为（　　）。

A．卖方原因　　B．买方原因　　C．自然原因　　D．社会原因

5. 下列属于不可抗力的是（　　）。

A. 工厂关闭　　B. 政府禁运

C. 洪水、干旱、暴风雪、地震　　D. 汇率变化

三、判断题（正确的打“√”，错误的打“×”）

1. 所有自然原因和社会原因引起的事件都属于不可抗力事件。（　　）

2. 概括式规定不可抗力的方法比较笼统，不具体规定哪些事件属于不可抗力事件，不宜采用。（　　）

3. 发生不可抗力事件后，必须立即解除合同。（　　）

4. 物价的涨跌、汇率的波动、旱灾都属于不可抗力。（　　）

5. 列举式规定不可抗力的方法详细列举不可抗力事件，是最佳办法。（　　）

四、填空题

1. 引起不可抗力事件的原因有（　　　　）和（　　　　）两种。

2. 一方遭受不可抗力事件之后，应以（　　　　　）方式，在（　　　　）天内以（　　　　）提供事故的详细情况及其对合同履行影响程度的证明文件。

3. 不可抗力事件的后果有两种，一种是（　　　　　）；另一种是（　　　　）。

4. 在我国，一般是由（　　　　　　　）出具不可抗力证明文件。

5. 进出口合同中的不可抗力条款主要有（　　　　　）、（　　　　　）和（　　　　　）三种规定方法。

五、名词解释

不可抗力

任务四　议定仲裁条款

一、单项选择题（从每小题给出的四个备选答案中选出一个正确答案，请将所选答案的字母填在题后的括号内）

1. 我国进出口贸易合同中的仲裁条款关于仲裁地点的规定，最好选在（　　）。

A. 我国　　B. 被诉方所在国

C. 第三国　　D. 以上都不对

2. 仲裁费用通常由（　　）负担。

A. 胜诉方　　B. 败诉方

C. 双方均分　　D. 提出仲裁申请的一方

3. 仲裁费用一般按争议价值的（　　）收取。

A. 0.1%～1%　　B. 0.5%～1%

C. 1%～3%　　D. 1%～5%

4. 国际贸易双方发生争议，可以通过仲裁解决，大多数国家规定（　　）。

A. 仲裁裁决是终局的

B. 仲裁裁决可被合同的当事人推翻

C. 当事人不服仲裁裁决可以再向法院起诉

D. 当事人不服仲裁裁决可以再次申请仲裁

5. 我国常设的涉外经济贸易仲裁机构是（　　）。

A. 海关总署　　B. 国家质量监督检验检疫总局

C. 商务部　　D. 中国国际经济贸易仲裁委员会

二、多项选择题（下列每题给出的四个选项中，至少有两个选项是符合题目要求的，请将所选答案的字母填在题后的括号内）

1. 解决国际贸易争议的方式有（　　）。

A. 协商　　B. 调解　　C. 仲裁　　D. 诉讼

2. 下列有关仲裁的说法，正确的有（　　）。

A. 仲裁又称公断

B. 买卖双方自愿达成协议，将有关争议交给双方同意的仲裁机构进行裁决

C. 裁决是终局的

D. 裁决对双方都有约束力，双方必须遵照执行

3. 仲裁条款通常包括（　　）。

A. 仲裁范围　　B. 仲裁地点、仲裁机构

C. 仲裁规则和程序　　D. 仲裁裁决的效力及仲裁费用的负担

4. 中国国际经济贸易仲裁委员会的分会设在（　　）。

A. 北京　　B. 上海　　C. 广州　　D. 深圳

5. 我国仲裁条款中关于仲裁地点的规定方法有（　　）。

A. 首先力争规定在我国仲裁

B. 若争取不到在我国仲裁，可以选择在被诉方所在国仲裁

C．可以在双方同意的第三国仲裁

D．可以选择在胜诉方所在国仲裁

三、判断题（正确的打“√”，错误的打“×”）

1．世界上大多数国家的法律都规定，仲裁协议对签约的当事人都具有约束力，法院可以受理就同一争议事项提出诉讼的案件。（　　）

2．凡所发生的争议超出所规定的仲裁范围，仲裁庭无权受理。如果对超出范围的那部分争议予以受理或审理，那么所作出的裁决不具有法律效力，因而得不到强制执行。（　　）

3．仲裁裁决是终局的，一方不执行，仲裁庭可强制执行。（　　）

4．任何一方对仲裁结果不满，都可以向法院起诉要求变更。（　　）

5．一般情况下，合同的仲裁条款中规定在哪个仲裁机构进行仲裁，就应该遵守哪个机构制定的仲裁规则。（　　）

四、填空题

1. 在国际上仲裁机构有两种，一种是（　　　　），另一种是（　　　　）。

2．（　　　　）是我国常设的涉外经济贸易仲裁机构，也是当今世界主要的国际商事仲裁机构之一。

3．（　　　　）对签约的当事人具有约束力，都承认仲裁协议具有排除法院司法管辖权的作用。

4. 解决国际贸易争议的方式有（　　　　）、（　　　　）、（　　　　）三种。

5．仲裁条款通常包括仲裁范围、（　　　　）、仲裁机构、仲裁规则和程序、（　　　　）及仲裁费用的负担等内容。

五、名词解释

仲裁

综合练习六

一、单项选择题（从每小题给出的四个备选答案中选出一个正确答案，请将所选答案的字母填在题后的括号内，每题 1 分，共 10 分）

1. 国际货物销售合同中的商品检验条款，关于检验时间和地点，目前使用最多的是（　　）。

A．在出口国检验　　B．在进口国检验

C．在出口国检验，进口国复验　　D．在运输工具上检验

2. 某国外进口商在中国出口商品交易会订购我国出口的商品，合同规定的一般条款中有商检、索赔、仲裁和不可抗力条款。交货以后进口商发现部分商品品质较差，拒绝收货，并以向当地法院起诉威胁出口商降价。在这种情况下，出口公司应如何答复？（　　）

A．因订有仲裁条款，应按条款规定通过仲裁解决

B．因在中国签约，故应向中国法院起诉

C．建议通过双方协商同意的第三国法院处理

D．应该在出口国仲裁

3. 在解决国际贸易争议的方式中，目前普遍采用的是（　　）。

A．协商　　B．调解　　C．仲裁　　D．诉讼

4. 交易的一方认为对方未能全部或部分履行合同规定的责任与义务而产生的业务纠纷是（　　）。

A．理赔　　B．争议　　C．索赔　　D．违约

5. 不可抗力免除了遭受事故的一方当事人（　　）。

A．履行合同的责任　　B．赔偿货物的责任

C．交付货物的责任　　D．支付货款的责任

6. 在合同中详细列举不可抗力事件，这种不可抗力的规定方法是（　　）。

A．综合式规定　　B．列举式规定

C．概括式规定　　D．具体规定

7. 中国国际经济贸易仲裁委员会是我国的（　　）。

A．常设仲裁机构　　B．诉讼机构

C．临时仲裁机构　　D．检验机构

8．主管中国进出口商品检验工作的行政执法机构是（　　）。

A．海关总署　　B．国家质量监督检验检疫总局

C．中国检验认证（集团）公司　　D．国家工商行政管理总局

9．采用 CIF 出口合同的货物在海运途中由于不可抗力造成货物灭失，买方可向（　　）。

A．卖方索赔

B．承运人索赔

C．承保该货物的保险公司提出保险索赔

D．任何人索赔

10．下列属于免责条款的是（　　）。

A．检验检疫条款　　B．索赔条款

C．不可抗力条款　　D．仲裁条款

二、多项选择题（下列每题给出的四个选项中，至少有两个选项是符合题目要求的，请将所选答案的字母填在题后的括号内，每题 2 分，共 20 分）

1．下列关于不可抗力的说法，错误的是（　　）。

A．不可抗力就是意外事故

B．发生不可抗力之后当事人无须履行合同

C．如果不可抗力使合同履行成为不可能，双方可解除合同

D．发生不可抗力后双方的合同立刻终止

2．下列属于不可抗力事件的是（　　）。

A．水灾　　B．地震　　C．罢工　　D．汇率变化

3．不可抗力引起的后果包括（　　）。

A．支付违约金　B．解除合同　C．延期履行合同　D．履行合同

4．下列关于不可抗力事件的通知，说法正确的是（　　）。

A．在合同的不可抗力条款中应明确规定事件发生后通知对方的期限和方式

B．负有通知责任的一方因通知不及时给另一方造成损失，应承担赔偿责任

C．不可抗力事件的通知为口头形式，不需要书面证明

D．通知不可抗力时应提供不可抗力事件的证明材料

5．下列关于仲裁协议的说法，正确的是（　　）。

A．仲裁协议可以在买卖合同中订立

B．仲裁协议是终局的

C．为公平起见，应选择买卖双方国家之外的第三国为仲裁地

D．仲裁协议可以是口头的

6．进出口买卖合同中索赔条款的方式主要有（　　）。

A．异议和索赔条款　　B．罚金条款

C．仓至仓条款　　D．先行赔付条款

7．罚金条款一般适用于以下哪些情况下的索赔（　　）。

A．买方拒付货款

B．货物品质、规格和数量与合同规定不符

C．卖方延期交货

D．买方迟开信用证

8．下列由商检机构出具检验证书的是（　　）。

A．品质证书　　B．重量证书

C．卫生检疫证书　　D．以上都不对

9．我国进出口贸易合同的仲裁条款中关于仲裁地点的规定，可以选择在（　　）。

A．我国　　B．被诉方所在国

C．第三国　　D．以上都不对

10．国际货物买卖合同中的不可抗力条款主要包括（　　）。

A．不可抗力事件的范围

B．出具事故证明的机构

C．事故发生后通知对方的期限和方式

D．不可抗力的处理原则和办法

三、判断题（正确的打“√”，错误的打“×”，每题 1 分，共 10 分）

1．进出口食品检验属于法定检验的范畴。（　　）

2．仲裁裁决是终局的，对双方都有约束力，双方必须遵照执行。（　　）

3．出现不可抗力事件，遭受事故的一方只要将情况通知对方，就可以免除自己在合同中应尽的全部责任和义务。（　　）

4．索赔和理赔是一个问题的两个方面。（　　）

5．异议与索赔条款主要包括索赔依据和索赔期限。（　　）

6．如果不可抗力事件的发生只是暂时影响合同的履行，一旦事故消除，必须继续履行合同。（　　）

7. 洪水、暴风、地震等自然灾害和战争等都属于不可抗力，但政府禁止进口或出口的命令则不属于不可抗力。（　　）

8. 根据现行的《进出口商品检验法》的规定，进出口动植物需要进行法定检验。（　　）

9. 货物损害的索赔只能向签订买卖合同的另一方当事人提出。（　　）

10. 我国某公司从德国某公司进口化工产品，签订合同后，德国公司所属生产工厂因遭受雷击导致爆炸，工厂被毁，德国公司可以援引不可抗力免责条款免责。（　　）

四、填空题（每空 1 分，共 15 分）

1. 在实际业务中，一般采用在（　　　　）检验，在（　　　　）复验的规定。

2. 在国际贸易中，根据损失的原因和责任不同，索赔的对象主要包括（　　　　）、（　　　　）和（　　　　）。

3. 异议与索赔条款的内容主要包括（　　　　）与（　　　　）。

4. 引起不可抗力事件的原因有（　　　　）和（　　　　）两种。

5. 不可抗力的后果有（　　　　）和（　　　　）两种。

6. 在国际上，仲裁机构有（　　　　）和（　　　　）。

7. 仲裁条款通常包括（　　　　）、仲裁地点、仲裁机构、（　　　　）、仲裁裁决的效力及仲裁费用的负担等内容。

五、简答题（共 9 分）

1. 不可抗力条款的规定方法主要有哪些？（共 3 分）

2. 解决国际贸易争议的方式主要有哪些？（共 3 分）

3．我国仲裁条款中关于仲裁地点一般是怎样规定的？（共3分）

六、名词解释（每题3分，共12分）

1．索赔

2．理赔

3．不可抗力

4．仲裁

七、案例分析题（共8分）

1．我国某设备进出口公司A与某德国企业B签订了一份进口合同，欲引进一台精密仪器。合同规定于2011年9月份交货，但到9月15日，德国政府宣布该仪器属于高科技产品，禁止出口，自宣布之日起15天生效。后B公司来电以不可抗力为由要求解除合同。请问B公司的要求是否合理？我方应如何处理？（共5分）

2．中国某公司以FOB条件从欧洲某厂商进口货物。中国公司派船前往欧洲接货时，恰逢埃及与以色列发生战争，苏伊士运河被关闭，船只只能绕道好望角航行，到装货港时延迟了1个月，欧洲厂商要求赔偿损失。欧洲厂商的要求是否合理？（共3分）

项目七

交易磋商与合同的签订

学习指导

交易磋商的一般程序可概括为询盘、发盘、还盘、接受四个环节。其中发盘和接受是必不可少的两个基本环节。

发盘是指向一个或一个以上特定的人提出订立合同的建议。构成发盘的必要条件是发盘应向一个或一个以上特定的人提出；发盘内容必须十分确定；发盘必须表明发盘人在得到接受时承受约束的意旨；发盘必须送达受盘人。发盘发出后可以撤回或撤销。发盘的撤回与撤销不同，发盘的撤回是指在发盘尚未送达受盘人之前或同时到达受盘人，发盘人主动收回发盘阻止其生效的行为；发盘的撤销是受盘人已收到发盘，如果撤销的通知在受盘人发出接受通知前送达受盘人，则可以撤销。

接受在法律上称为承诺，是指受盘人声明或以其他行为表示无条件地同意发盘人提出的各项条件。接受必须具备如下条件：接受必须由特定的受盘人作出；接受必须表示出来；接受必须在发盘规定的有效期内送达发盘人；接受的内容必须与发盘完全相符。接受发盘的通知于送达发盘人时生效。撤回接受的通知应当在接受通知到达发盘人之前或与接受通知同时到达发盘人时，接受才得以撤回；接受通知一经到达发盘人即不能撤销。

在国际货物买卖中，一项发盘被有效接受后，交易即告达成，买卖双方合同关系成立。合同明确了买卖双方的权利和义务，对双方都具有法律约束力。但是根据我国法律规定，对外贸易合同必须采用书面形式。常见的书面形式有正式的合同、确认书、备忘录、意向书、订单等。国际贸易合同的内容一般由约首、本文、约尾三部分组成。

重点与难点

学习重点

1. 进出口交易磋商的程序；
2. 发盘和接受的定义、需要具备的条件，发盘和接受的撤回与撤销；
3. 合同的基本形式和内容。

学习难点

1. 发盘和接受的撤回与撤销；
2. 能运用所学知识正确缮制合同。

同步练习

任务一　认知交易磋商的程序

一、单项选择题（从每小题给出的四个备选答案中选出一个正确答案，请将所选答案的字母填在题后的括号内）

1. 根据《联合国国际货物销售合同公约》规定，一项发盘必须具备的基本要素是（　　）。

A．货名、品质、数量　　B．货名、数量、价格

C．货名、价格、支付方式　　D．货名、品质、价格

2. 在交易磋商中，如果受盘人对发盘内容不完全同意，为了进一步协商，反过来向发盘人提出需要变更内容或建议的是（　　）。

A．还盘　　B．接受　　C．发盘　　D．询盘

3. 发盘的撤回与撤销的区别在于（　　）。

A．前者发生在发盘生效后，后者发生在发盘生效前

B．前者发生在发盘生效前，后者发生在发盘生效后

C．两者均发生在发盘生效前

D．两者均发生在发盘生效后

4. 下列属于有效发盘的是（　　）。

A．请改报装运期 10 日复到有效

B. 你15日电山东大蒜每公吨80英镑CIF东京，50公吨，10日内复到有效

C. 你15日电可供100件，参考价每件8美元

D. 你15日电接受，但以D/P替代L/C

5. 我方某公司向国外客户发盘，限3月15日复到有效，3月12日接到对方复电："你10日电接受，但以获得进口许可为准。"该接受实际上是（　　）。

A. 还盘　　B. 有效接受

C. 逾期接受　　D. 只要我方未表态，即为接受

6. 按照公约的规定，发盘（　　）。

A. 可以撤销，但不得撤回　　B. 可以撤回，但不得撤销

C. 既不能撤销，也不能撤回　　D. 既可以撤回，也可以撤销

7. 我国某进出口公司于2012年1月15日用电报向国外一公司发盘，要求在20日复到我公司有效。1月18日上午9：00，我公司同时收到国外公司表示接受和撤回接受的电传。根据《联合国国际货物销售合同公约》的规定，此接受（　　）。

A. 可以撤回　　B. 不可以撤回，必须与我公司签订合同

C. 经我公司同意方可撤回　　D. 视为撤销

8. 关于接受的生效，我国实行的原则是（　　）。

A. 投邮生效　　B. 签署日生效　　C. 到达生效　　D. 双方协商

9. 商业广告在我国属于（　　）

A. 询盘　　B. 要约　　C. 发盘　　D. 发盘的邀请

10. 递盘是指（　　）。

A. 卖方发盘　　B. 买方发盘　　C. 还盘　　D. 询盘

二、多项选择题（下列每题给出的四个选项中，至少有两个选项是符合题目要求的，请将所选答案的字母填在题后的括号内）

1. 在下列条件中，构成发盘必备的条件是（　　）。

A. 发盘的内容必须十分确定

B. 各项主要交易条件必须齐全

C. 向一个或一个以上特定的人发出

D. 表明发盘人在得到接受时承受约束的意旨

2. 发盘失效的情形包括（　　）。

A. 发盘过期　　B. 发盘被撤回

C．发盘被撤销　　　　　　　　　D．受盘人对发盘表示拒绝

3．《联合国国际货物销售合同公约》规定，一项已生效的发盘不能撤销的条件是（　　）。

A．发盘规定了有效期

B．发盘未规定有效期

C．发盘中明确规定该发盘是不可撤销的

D．受盘人有理由相信该发盘是不可撤销的，并采取了行动

4．构成一项有效接受必须具备的条件是（　　）。

A．接受必须由特定的受盘人作出

B．接受的内容必须是与发盘完全相符

C．接受必须在发盘有效期内送达发盘人

D．接受的传递方式应符合发盘的要求

5．"你10日电我方接受，但支付条件由D/P改为L/C即期"该电文是（　　）。

A．对原发盘进行实质性的修改　　B．还盘

C．对原发盘的拒绝　　　　　　　D．对发盘表示有条件地接受

三、判断题（正确的打"√"，错误的打"×"）

1．在发盘中尽量不要出现"大概"、"预计"、"可能"、"参考"等用词。（　　）

2．对发盘表示接受的必须是发盘中所指明的特定的受盘人。如果其他人通过某种途径获悉发盘内容，而向发盘人表示接受，该接受无效。（　　）

3．发盘，在法律上称为"要约邀请"。（　　）

4．询盘既可由买方发出，也可由卖方发出。在法律上不具有约束力，不是交易磋商的必经步骤。（　　）

5．在发盘有效期之后到达发盘人的接受称为逾期接受，它是一项新的发盘。（　　）

四、填空题

1．发盘可以由卖方提出，习惯上叫（　　　　），也可以由买方提出，习惯上叫（　　　　），或称递盘。

2．交易磋商的一般程序可概括为（　　　）、（　　　）、（　　　）、（　　　）四个环节。其中（　　　）和（　　　）是必不可少的两个基本环节。

3．（　　　　）是指在发盘尚未送达受盘人之前或同时到达受盘人，发盘人主动收回发盘阻止其生效的行为。

4．（　　　　）是受盘人已收到发盘，如果撤销的通知在受盘人发出接受通知前送达受盘人，则可以撤销。

5．还盘也叫还价，法律上称还盘为（　　　），是指受盘人对发盘内容不完全同意，为了进一步协商，反过来向发盘人提出需要变更内容或建议的表示。

五、简答题

1．构成发盘的必要条件有哪些？

2．接受必须具备哪些条件？

六、名词解释

1．发盘

2．接受

任务二　签订进出口合同

一、单项选择题（从每小题给出的四个备选答案中选出一个正确答案，请将所选答案的字母填在题后的括号内）

1．根据我国法律规定，对外贸易合同必须采用（　　）。

A．口头形式　　　　B．书面形式

C．二者均可以　　　　　　　　D．二者均不可以

2．(　　)一般用于一些成交金额不大、批次较多的轻工日用品、小土特产品，或已有包销、代理等长期协议的交易。

A．合同　　B．确认书　　C．订单　　D．意向书

3．买卖双方的名称和地址应在合同的(　　)部分。

A．约首　　B．本文　　C．正文　　D．约尾

4．合同的主体部分是(　　)。

A．约首　　B．本文　　C．正文　　D．约尾

5．根据《联合国国际货物销售合同公约》的规定，合同成立的时间是(　　)。

A．接受生效的时间

B．交易双方签订书面合同的时间

C．当合同获得国家批准时

D．当发盘送达受盘人时

二、多项选择题（下列每题给出的四个选项中，至少有两个选项是符合题目要求的，请将所选答案的字母填在题后的括号内）

1．根据我国法律，(　　)不是一项具有法律约束力的合同。

A．通过欺骗对方签订的合同

B．采取胁迫手段订立的合同

C．我国某公司与外商以口头形式订立的货物买卖合同

D．走私物品的买卖合同

2．最常用的合同形式有(　　)。

A．订单　　B．确认书　　C．备忘录　　D．合同

3．下列不具备法律约束力的是(　　)。

A．确认书　　B．备忘录　　C．意向书　　D．订单

4．(　　)具有签订合同的能力。

A．年满 18 周岁的自然人　　　　B．未满 16 周岁的自然人

C．企业法人　　　　　　　　　　D．没有取得进出口经营权的企业

5．下列属于合同有效成立条件的是(　　)。

A．当事人具有实施法律行为的资格和能力

B．在自愿基础上达成的意思表示一致

C．双方当事人互为有偿

D．合同必须符合法律规定的形式

三、判断题（正确的打“√”，错误的打“×”）

1．异议索赔条款、仲裁条款、不可抗力属于合同的约尾部分。（ ）

2．“理解备忘录”或“谅解备忘录”在法律上不具有约束力。（ ）

3．不论合同的标的物是什么，只要买卖双方具备法律行为能力，自愿达成，互为有偿，合同即可生效。（ ）

4．国际货物买卖合同是双方的有偿合同，卖方交货，买方付款，买卖双方互为有偿。（ ）

5．如果当事人一方用欺骗、威胁或暴力等行为使另一方被迫达成合同，则在法律上是无效的。（ ）

四、填空题

1．合同的形式一般情况下有（ ）和（ ）两种。我国法律规定，对外贸易合同必须采用（ ）。

2．（ ）是合同的简化形式。根据起草人的不同，分为（ ）和（ ）。

3．在我国外贸业务中，最常用的合同形式是（ ）和（ ）。

4．国际贸易合同的内容一般由（ ）、（ ）、（ ）三部分组成。

5．各国的法律都规定，具有行为能力的（ ）和（ ）都有签订合同的能力。

五、简答题

一项具有法律约束力的合同应具备哪些条件？

综合练习七

一、单项选择题（从每小题给出的四个备选答案中选出一个正确答案，请将所选答案的字母填在题后的括号内，每题 1 分，共 10 分）

1. 以书信或电报表示的接受一经发生，作出承诺的人（　　）。

A. 在任何情况下都可以撤回

B. 在任何情况下都不能撤回

C. 只要撤回通知早于或等于承诺到达时间就可以撤回

D. 只要发出撤回通知就可以撤回

2. 国外某买主向我国某出口公司来电："接受你方 12 日发盘，请降价 5%"，此来电属于交易磋商的（　　）环节。

A. 发盘　　B. 询盘　　C. 还盘　　D. 接受

3. 青岛海尔向 A 外商发盘，下列接受有效的是（　　）。

A. A 外商在发盘有效期内，表示完全接受我方发盘

B. 由 A 外商认可的 B 外商在发盘有效期内，向我方表示完全接受发盘内容

C. A 外商根据以往经验，在未收到我方发盘的情况下，向我方表示接受

D. A 外商在有效期内表示接受，但提议将装运日期提前

4. 根据《联合国国际货物销售合同公约》的规定，接受生效的时间为（　　）。

A. 接受送达发盘人时　　B. 受盘人送出接受通知时

C. 接受通知交给电报局发出时　　D. 受盘人作出接受答复时

5. 根据《联合国国际货物销售合同公约》的规定，合同成立的时间为（　　）。

A. 当发盘送达受盘人时　　B. 交易双方签订书面合同的时间

C. 当合同获得国家批准时　　D. 接受生效的时间

6. 某项发盘于某月 12 日以电报形式送达受盘人，但在此前的 11 日，发盘人以传真的形式告知受盘人，该发盘无效，此行为属于（　　）。

A. 发盘的撤回　　B. 发盘的修改

C. 一项新发盘　　D. 发盘的撤销

7. 下列为有效接受的是（　　）。

A. 你 17 日电接受，但用 L/C 替代 D/P

B. 你 17 日电接受，如能将装运期改为 5 月，我方可接受

C. 你 17 日电接受，但交货时须提供原产地证明

D．接受你方 17 日电条件，尽快签订书面合同

8．某出口公司对外报盘某产品，下列是有效发盘的是（　　）。

A．向 A 公司发盘，发盘中规定了商品的名称、数量及价格

B．以商业广告的形式发出

C．发盘中规定了各项交易条件，但未规定成交数量

D．发盘以平邮方式发出，但在当天，发盘人又以传真方式要求撤回发盘

9．关于逾期接受，下列说法正确的是（　　）。

A．逾期接受无效

B．逾期接受是一个新的发盘

C．逾期接受完全有效

D．逾期接受是否有效，关键看发盘人如何表态

10．我国某出口公司于 6 月 5 日以电报的形式对德商发盘，限 8 日复到有效。对方于 7 日以电报发出接受通知，由于电信部门的延误，我公司于 9 日才收到德商的接受通知，事后我公司亦未表态。下列说法正确的是（　　）。

A．该逾期接受仍具有接受效力，合同生效，除非发盘人及时提出异议

B．该逾期接受丧失接受效力，合同不生效

C．只有在发盘人毫不延迟地表示确认，该通知才具有接受效力。否则，合同不生效

D．只要受盘人发出接受通知，该合同就生效

二、多项选择题（下列每题给出的四个选项中，至少有两个选项是符合题目要求的，请将所选答案的字母填在题后的括号内，每题 2 分，共 20 分）

1．构成一项发盘应具备的条件有（　　）。

A．向一个或一个以上特定的人发出

B．表明发盘人承受约束的意旨

C．发盘的内容必须十分确定

D．发盘必须送达受盘人

2．发盘效力终止的情况包括（　　）。

A．超过发盘规定的有效时间或合理时间

B．被受盘人拒绝或还盘

C．发盘人进行有效地撤销

D．发盘人破产

3. 根据《联合国国际货物销售合同公约》的规定，受盘人对（　　）等内容进行添加或更改，均作为对原发盘的实质性修改。

A. 价格　　B. 重量和数量

C. 交货时间、地点　　D. 赔偿责任范围或解决争端

4. 交易磋商有四个环节，其中达成交易不可或缺的两个基本环节和必经的法律步骤是（　　）。

A. 询盘　　B. 发盘　　C. 还盘　　D. 接受

5. 我国某公司向巴西某公司发出传真："急购巴西一级白砂糖 2 000 公吨，每公吨 250 美元 CIF 广州，2012 年 2 月 20 日至 25 日装船。"巴西公司回电："完全接受你方条件，2012 年 3 月 1 日装船。"依照国际贸易法律与惯例，巴西公司的回电属于（　　）。

A. 还盘　　B. 一项新的发盘

C. 无效的接受　　D. 有效的接受

6. 根据我国法律规定，下列不具有法律效力的合同是（　　）。

A. 法人通过其代理人在其经营范围内签订的合同

B. 采用胁迫手段订立的合同

C. 关于鸦片的买卖合同

D. 与未成年人签订的合同

7. 发盘不得撤销的情况有（　　）。

A. 发盘规定了有效期

B. 受盘人有理由相信该发盘是不可撤销的，并采取了行动

C. 发盘中明确规定该发盘是不可撤销的

D. 发盘中未表明是否可以撤销

8. 根据《联合国国际货物销售合同公约》的规定，发盘内容必须十分确定，发盘应包括的要素有（　　）。

A. 货物的名称

B. 货物的数量

C. 货物的价格或规定确定价格的方法

D. 交货的时间和地点

9. 我公司星期一对外发盘，限星期五复到有效，客户于星期二回电还盘并邀我公司电复。此时，国际市场价格上涨，故我公司未予答复。客户又于星期三

来电表示接受我公司星期一的发盘，则下列表述错误的是（　　）。

A．接受有效

B．接受无效

C．如我方未提出异议，则合同成立

D．属于有条件的接受

10．A 公司于 5 月 18 日向 B 公司发盘，限 5 月 25 日复到有效。A 公司向 B 公司发盘的第二天，A 公司收到 B 公司 5 月 17 日发出的、内容与 A 公司发盘内容完全相同的交叉发盘，下列说法正确的是（　　）。

A．合同即告成立

B．若 A 公司向 B 公司表示接受，当接受通知送达对方时，合同成立

C．若 B 公司向 A 公司表示接受，当接受通知送达对方时，合同成立

D．必须是 A 公司向 B 公司表示接受，当接受通知送达 B 公司时，合同成立

三、判断题（正确的打“√”，错误的打“×”，每题 1 分，共 10 分）

1．在交易磋商过程中，发盘是由卖方作出的行为，接受是由买方作出的行为。（　　）

2．买方来电表示接受卖方发盘，但要求将 D/P 即期改为 D/P 远期，卖方缄默，此时合同成立。（　　）

3．根据《联合国国际货物销售合同公约》的规定，构成一项有效发盘，必须明确规定买卖货物的品质、数量、包装、价格、交付和货物的支付六项主要交易条件，缺一不可。（　　）

4．一项有效的发盘，一定被受盘人无条件地全部接受，合同即告成立。（　　）

5．询盘又称询价，即向交易另一方询问价格。（　　）

6．《联合国国际货物销售合同公约》规定发盘生效的时间为发盘送达受盘人时。（　　）

7．《联合国国际货物销售合同公约》规定，如果发盘中规定了有效期，则在发盘有效期内，发盘人可以撤回该发盘。（　　）

8．发盘必须是向一个或一个以上特定的人提出。（　　）

9．一项发盘表明是不可撤销的发盘，则意味着发盘人无权撤回。（　　）

10．无论任何人对某发盘作出的接受，均可视为有效的接受。（　　）

四、填空题（每空 1 分，共 15 分）

1．所谓实质性变更，是指对（　　　　）、付款、重量和数量、（　　　　）、地点、赔偿责任范围或解决争端等主要交易条件提出修改。

2．接受通知超过发盘规定的有效期或超过合理时间才送达到发盘人，就成为一项（　　　　）。

3．在实际业务中，规定发盘的有效期常见的方式有（　　　　　　　）和（　　　　　　　）两种。

4.《联合国国际货物销售合同公约》规定，一项发盘只有（　　　）、（　　　）和价格三项内容，就属于内容完整。

5．交易的一方欲购买或出售某种商品，向另一方发出探询买卖该商品及有关交易条件的一种表示，称为（　　　　），在法律上称为（　　　　）。

6．根据我国法律规定，对外贸易合同必须采用（　　　）形式。常见的书面形式有正式的合同、（　　　）、备忘录、意向书、（　　　）等。

7．国际贸易合同的内容一般由（　　　）、（　　　）、（　　　）三部分组成。

五、简答题（共 13 分）

1．一项具有法律约束力的合同应具备哪些条件？（共 5 分）

2．构成一项有效的接受应具备哪些条件？（共 4 分）

3．构成一项有效的发盘应具备哪些条件？（共 4 分）

六、名词解释（每题 3 分，共 6 分）

1．发盘

2．接受

七、案例分析题（共 13 分）

1．我国 A 公司向美国旧金山 B 公司发盘某商品 100 公吨，每公吨 2 400 美元 CIF 旧金山，以不可撤销即期信用证支付，收到信用证后 2 个月内交货，限 3 日内答复。第二天收到 B 公司回电："Accept your offer shipment immediately."（接受你方发盘，立即装运）A 公司未予答复。又过了两天，B 公司通过旧金山银行开来即期信用证，注明"shipment immediately"。当时该货国际市场价格上涨 20%，A 公司以合同并未达成为由拒绝交货，并立即将信用证退回，于是双方发生争议。请问合同是否成立？（共 6 分）

2．国外某公司准备向国际招标机构投标，由于缺少货源，向我国某外贸公司发来求购意向，我公司遂于 6 月 25 日向其发盘并规定有效期至同年 7 月 20 日。对方为争取得标，6 月 30 日向我公司发来传真，要求降价 20%，我公司于 7 月 2 日回电拒绝。对方 7 月 12 日给我公司来电，同意接受我方 6 月 25 日发盘。此时我公司已将该批货物以高价转卖他国，无法向对方供货，对方遂派专人前来交涉，要求我方供货。请问：我方是否应向对方供货？（共 7 分）

项目八

履行进出口合同

学习指导

进出口双方经过交易磋商，达成协议，签订书面合同。合同成立后，进出口双方就必须履行合同规定的义务。

我国对外签订的出口合同，大多采用CFR和CIF术语成交，并采用信用证方式收款。在履行这类合同时，一般包括备货、催证、审证、改证、租船订舱、报关、报检、装船、制单结汇等环节。其中货、证、船、款四个环节的工作最为重要。

在大多数情况下，我国都是按FOB条件对外签订进口合同，支付方式多为即期信用证。在履行这类合同时，一般要做好开立信用证、租船订舱、催装货物、办理保险、审单付款、报检、报关、提货、索赔等环节的工作。

重点与难点

学习重点

1. 出口合同履行的基本程序；
2. 进口合同履行的基本程序。

学习难点

1. 能按照出口合同履行的基本程序进行各环节的操作；
2. 能按照进口合同履行的基本程序进行各环节的操作。

同步练习

任务一　履行出口合同

一、单项选择题（从每小题给出的四个备选答案中选出一个正确答案，请将所选答案的字母填在题后的括号内）

1．以 CFR、CIF 贸易术语成交的出口合同，（　　）应及时办理租船订舱工作。

A．出口方　　B．承运人　　C．进口方　　D．托运人

2．以 CIF 术语成交的出口合同，出口方应（　　）向保险公司办理投保手续。

A．在装船出运后　　B．在装船出运时

C．在装船出运前　　D．在合同签订前

3．若以 FOB、CFR 术语成交的出口合同，则应由（　　）办理保险。

A．出口方　　B．承运人　　C．进口方　　D．托运人

4．下列单据中，属于物权凭证的是（　　）。

A．海运提单　　B．装箱单　　C．发票　　D．汇票

5．（　　）是指国家为帮助出口企业降低成本，增强出口产品在国际市场上的竞争能力，鼓励出口收汇而实行的由国内税务机关退还出口商品国内税的措施。

A．出口退税　　B．出口收汇核销

C．出口报关　　D．出口结汇

二、多项选择题（下列每题给出的四个选项中，至少有两个选项是符合题目要求的，请将所选答案的字母填在题后的括号内）

1．出口方应持（　　）单据向海关办理出口手续。

A．进出口报关单　　B．提单

C．发票、装箱单　　D．出口收汇核销单

2．我国采用的出口结汇方式有三种，它们是（　　）。

A．收妥结汇　　B．定期结汇　　C．押汇　　D．议付

3．申请出口退税的出口企业，在货物出口后，凭（　　）到国税局办理出口退税手续。

A．出口退税报关单　　B．出口收汇核销单

C．发票　　D．提单

4．对于结汇的单据，必须做到（　　）。

A．正确　　B．完整　　C．简洁　　D．及时

5．基本单证指进出口货物的货运单据和商业单据，主要有（　　）。

A．进口提货单据　　B．出口装货单据

C．装箱单　　D．商业发票

三、判断题（正确的打“√”，错误的打“×”）

1．商品只有经检验合格，检验检疫机构签发检验检疫证书后，海关才予以放行。否则，一律不予放行。（　　）

2．在履行以信用证方式付款的合同时，催开、审核和修改信用证直接关系到我国对外贸易政策的贯彻和收汇的安全，是履行出口合同的重要环节。（　　）

3．采用信用证方式成交，在正常情况下，进口方应至少在货物装运期前5天将信用证开到出口方手中。（　　）

4．出口方对信用证进行全面审核后，如果没有发现问题，出口方就可以按信用证条款发货、制单结汇。（　　）

5．货物装船出境前，出口方要严格按照信用证的有关规定，正确地缮制各种单据，在信用证规定的有效期内，向出口地银行办理交单议付手续。（　　）

四、填空题

1．我国对外签订的出口合同，大多数采用（　　）和（　　）术语成交，并采用（　　）方式收款，在履行这类合同时，一般包括（　　）、（　　）、（　　）、（　　）、（　　）、（　　）、（　　）、（　　）、（　　）等环节。在这些环节中，（　　）、（　　）、（　　）、（　　）四个环节的工作最为重要。

2．在实际业务中，审核信用证的工作一般由（　　）和（　　）共同完成。

3．银行着重审核信用证开证行的（　　）、（　　）、（　　）和（　　）等方面的内容。

4．根据UCP600的规定，除非信用证另有规定，未经（　　）、（　　）和受益人的同意，不可撤销信用证既不能修改，也不能撤销。

5．出口收汇核销是国家为了加强外汇管理，确保外汇收入，指定（　　）

对企业出口收汇进行监督检查的管理制度。出口方必须先向国家外汇管理局申请（　　　　　　），在收到货款后，出口方必须将其送交国家外汇管理局登记核销。

五、简答题

1. 出口方审核信用证的主要内容有哪些？

2. 在出口方要求修改信用证的过程中应注意哪些问题？

六、名词解释

1. 收妥结汇

2. 出口押汇

3. 定期结汇

任务二　履行进口合同

一、单项选择题（从每小题给出的四个备选答案中选出一个正确答案，请将所选答案的字母填在题后的括号内）

1. 在大多数情况下，我方都是按（　　）条件对外签订进口合同。

A. FOB　　B. CFR　　C. CIF　　D. CIP

2. 在 FOB 贸易术语条件下的进口合同，由（　　）负责租船订舱。

A. 出口方　　B. 承运人　　C. 进口方　　D. 托运人

3. 在 FOB、CFR 贸易术语条件下的进口合同，由（　　）负责办理投保。

A. 出口方　　B. 承运人　　C. 进口方　　D. 托运人

4. 按《联合国国际货物销售合同公约》规定，如买卖合同中没有规定索赔期限，而到货检验中又不易发现货物缺陷的，则进口方行使索赔权的最长期限是自其实际收到货物起不超过（　　）年。

A. 1　　B. 2　　C. 3　　D. 4

5. 如果进口合同采用信用证支付方式，在合同签订后，进口方应按合同规定的时间内向（　　）填写开证申请书，办理开证手续。

A. 出口地的银行　　B. 付款行

C. 议付银行　　D. 进口地的银行

二、多项选择题（下列每题给出的四个选项中，至少有两个选项是符合题目要求的，请将所选答案的字母填在题后的括号内）

1. 我国货物运输保险方式有（　　）。

A. 预约保险　　B. 代理保险　　C. 逐笔保险　　D. 自理保险

2. 在 FOB 贸易术语条件下的进口合同，进口方取得（　　）后向船公司换取。

A. 进出口报关单　　B. 提单

C. 提货单　　D. 出口收汇核销单

3. 根据不同的责任范围，索赔对象可分为（　　）。

A. 出口方　　B. 承运人　　C. 进口方　　D. 保险人

4. 进口方索赔时，应提供的索赔证据包括（　　）。

A. 检验检疫证书　　B. 提单副本

C. 保险单、短卸或残损证明　　D. 发票、装箱单

5．可以向出口方索赔的情况有（　　）。

A．货物的品质、规格与合同规定不符

B．原装数量不足

C．包装不良致使货物受损

D．未按时交货或拒不交货

三、判断题（正确的打“√”，错误的打“×”）

1．以 FOB 术语签订的进口合同，在出口方装船后，应及时向进口方发出装船通知，以便进口方办理保险手续。（　　）

2．进口方凭海关签印放行的提货单到码头或货物存放地提取进口货物，未经海关放行的货物，任何单位和个人都不得提取。（　　）

3．信用证开出后，如进口方收到信用证后要求修改某些条款，经出口方同意，可向银行办理改证手续。（　　）

4．出口方交货后，将全套单据交出口地银行议付。进口地银行收到国外寄来的汇票和单据后，按照信用证的规定审核所有单据的内容和份数。经审核无误后，即由进口地开证行向国外出口地银行付款。（　　）

5．进口方提取进口货物后，如果发现进口货物出现残损或损坏，这就需要及时获得中国检验检疫机构出具的检验检疫证书、残损证书等有关单据，在合理期限内向出口方进行索赔。（　　）

四、填空题

1．我国都是按 FOB 条件对外签订进口合同，支付方式多为即期信用证。在履行这类合同时，一般要做好的工作有（　　　　）、（　　　　）、（　　　　）、（　　　　）、（　　　　）、（　　　　）、（　　　　）、（　　　　）、（　　　　）。

2．我国货物运输保险一般有（　　　　）和（　　　　）两种方式。

3．根据不同的责任范围，可分为（　　　　）、（　　　　）和（　　　　）三个索赔对象。

4．凡属于（　　　　）和（　　　　）情况者，进口方均可向承运人索赔。

5．向承运人索赔的期限为货物到达目的港后（　　　　）年内；向保险公司索赔的期限为被保险货物在卸货港全部卸离海轮后（　　　　）年内。

五、简答题

1．进口方向保险公司进行索赔的情形有哪些？

2．进口方向出口方进行索赔的情形有哪些？

综合练习八

一、单项选择题（从每小题给出的四个备选答案中选出一个正确答案，请将所选答案的字母填在题后的括号内，每题 1 分，共 10 分）

1.（　　）是国际贸易中主要的结算和信贷工具。

A．汇票　　B．本票　　C．信用证　　D．汇付

2．下列能证明商品原产国别的证书是（　　）。

A．检验证书　　B．发票　　C．普惠制单据　　D．装箱单

3.（　　）是指议付行根据向国外付款行索偿所需时间，预先确定一个固定的结汇期限，到期后主动将票款折合成人民币拨给外贸公司。

A．收妥结汇　　B．定期结汇　　C．押汇　　D．议付

4.（　　）是指议付行收到外贸公司提供的出口单据后，经审查无误，将单据寄交国外付款行索取货款，待收到付款行将货款拨至议付行账户的贷项通知书时，即按当时的外汇牌价，折合成人民币拨给外贸公司。

A．收妥结汇　　B．定期结汇　　C．押汇　　D．议付

5.（　　）是国家为了加强外汇管理，确保外汇收入，指定国家外汇管理局对企业出口收汇进行监督检查的管理制度。

A．出口退税　　B．出口收汇核销

C．出口报关　　D．出口结汇

6．在 FOB 贸易术语条件下的进口合同，由（　　）负责租船订舱。

A．出口方　　B．承运人　　C．进口方　　D．托运人

7．以 CFR、CIF 贸易术语成交的出口合同，（　　）应及时办理租船订舱工作。

A．出口方　　B．承运人　　C．进口方　　D．托运人

8．在 FOB、CFR 贸易术语条件下的进口合同，由（　　）负责办理投保。

A．出口方　　B．承运人　　C．进口方　　D．托运人

9．若以 FOB、CFR 术语成交的出口合同，由（　　）办理保险。

A．出口方　　B．承运人　　C．进口方　　D．托运人

10．如果进口合同采用信用证支付方式，在合同签订后，进口方应按合同规定的时间内向（　　）填写开证申请书，办理开证手续。

A．出口地的银行　　B．付款行

C．议付银行　　D．进口地的银行

二、多项选择题（下列每题给出的四个选项中，至少有两个选项是符合题目要求的，请将所选答案的字母填在题后的括号内，每题 2 分，共 20 分）

1．在交易过程中，卖方的基本义务是（　　）。

A．提供货物　　B．移交与货物相关的单据

C．支付货款　　D．转移货物的所有权

2．在交易过程中，买方的基本义务是（　　）。

A．受领货物　　B．受领与货物相关的单据

C．支付货款　　D．开立信用证

3．制单结汇工作必须做到（　　）。

A．单单一致　　B．单证一致

C．单货一致　　D．单合（同）一致

4．在我国进出口业务中，出口结汇的方法有（　　）。

A．收妥结汇　　B．买单结汇

C．定期结汇　　D．出口押汇

5．履行出口合同的工作可概括为（　　）。

A．货　　B．证　　C．船　　D．款

6．货到目的港后，买方如果发现货物短失，可以向（　　）索赔。

A．卖方　　B．承运人

C．保险公司　　D．目的港政府管理部门

7．下列能证明商品原产国别证书的是（　　）。

A．检验证书　　B．发票

C．普惠制单据　　D．产地证明书

8．发票的种类有（　　）。

A．商业发票　　B．领事发票　　C．海关发票　　D．厂商发票

9．（　　）是商业发票的一种补充，便于进口方海关查验货物和进口商核对货物之用。

A．装箱单　　B．发票　　C．重量单　　D．提单

10．银行可以拒付的理由是（　　）。

A．单单不符　　B．货与合同不符

C．信用证与合同不符　　　　D．单证不符

三、判断题（正确的打“√”，错误的打“×”，每题 1 分，共 10 分）

1．在出口合同的履行中，出口方缮制单据，向出口地银行办理交单议付手续，出口地银行审核单据要求“单证一致”、“单单一致”，若有任何不符之处，银行都有可能拒付。（　　）

2．出口方在收到货款后，必须将“出口收汇核销单”送交国家外汇管理局登记核销，才可以得到出口退税的优惠。（　　）

3．定期结汇是指议付行在审核单据无误的情况下，按信用证条款买入受益人的汇票和单据，从票面金额中扣除从议付日到估计收到票款之日的利息，将余额按议付日外汇牌价折合成人民币，拨给外贸公司。（　　）

4．各种检验证书分别用以证明货物的品质、数量、重量和卫生条件，一般由海关总署出具。（　　）

5．出口货物的发货人向海关报关后，海关经审核单据、检查货物、征缴税费后，在货物的出口装货单上签盖“海关放行章”，才能凭以装船出运。（　　）

6．信用证的修改可以随时进行，发现一处即可以向国外开证行申请修改一处。（　　）

7．所有的进出口公司都必须直接向海关办理报关手续。（　　）

8．如果我方取得的提单日期是 3 月 5 日，而保险单的日期是 3 月 8 日，不会影响我方安全、迅速地收汇。（　　）

9．出口退税制度有利于我国对外贸易的发展。（　　）

10．我国出口结汇的三种做法中，买单结汇是最常用也是最安全的。（　　）

四、填空题（每空 1 分，共 48 分）

1．我国对外签订的出口合同，大多数采用（　　）和（　　）术语成交，并采用（　　）方式收款，在履行这类合同时，一般包括（　　）、（　　）、（　　）、（　　）、（　　）、（　　）、（　　）、（　　）、（　　）等环节。在这些环节中，（　　）、（　　）、（　　）、（　　）四个环节的工作最为重要。

2．在实际业务中，审核信用证的工作一般由（　　）和（　　）共同完成。

3．银行着重审核信用证开证行的（　　）、（　　）、（　　）和

（　　　　）等方面的内容。

4．根据UCP600的规定，除非信用证另有规定，未经（　　　　）、（　　　　）和受益人的同意，不可撤销信用证既不能修改，也不能撤销。

5．出口收汇核销是国家为了加强外汇管理，确保外汇收入，指定（　　　　）对企业出口收汇进行监督检查的管理制度。出口方必须先向国家外汇管理局申请（　　　　），在收到货款后，出口方必须将其送交国家外汇管理局登记核销。

6．我方都是按FOB条件对外签订进口合同，支付方式多为即期信用证，在履行这类合同时，我方一般要做好的工作有（　　　　）、（　　　　）、（　　　　）、（　　　　）、（　　　　）、（　　　　）、（　　　　）、（　　　　）、（　　　　）。

7．我国货物运输保险一般有（　　　　）和（　　　　）两种方式。

8．根据不同的责任范围，可分为（　　　　）、（　　　　）和（　　　　）三个索赔对象。

9．凡属于（　　　　）和（　　　　）情况者，进口方均可向承运人索赔。

10．进口方提出的索赔金额，除（　　　　）外，还包括（　　　　）、（　　　　）、（　　　　）、（　　　　）、（　　　　）等有关费用。

五、简答题（共17分）

1．简述履行出口合同的一般程序。（共9分）

2．简述履行进口合同的一般程序。（共8分）

六、名词解释（每题 3 分，共 9 分）

1．收妥结汇

2．出口押汇

3．定期结汇

七、案例分析题（共 6 分）

山东亨达公司以 CIF 伦敦出口食品 1 000 箱，即期信用证付款。货物装运后，亨达公司凭已装船清洁提单和已投保一切险及战争险的保险单，向银行收妥货款，货到目的港后经进口人复验，发现下列情况：

（1）该批货物共有 10 个批号，抽查 20 箱，发现其中 2 个批号中的 200 箱食品细菌含量超过进口国标准；

（2）收货人实收 995 箱，短少 5 箱；

（3）有 10 箱货物外表状况良好，但箱内货物共短少 60kg。

试分析上述情况，进口人应分别向谁索赔？

项目九

贸易方式

学习指导

独家经销、代理和寄售，都是出口商利用国外客户的销售渠道销售商品的贸易方式。在我国对外贸易中，为了扩大出口，可灵活运用独家经销、代理和寄售的贸易方式。

招标和投标、拍卖是常用的两种国际贸易方式。买卖双方不直接进行交易磋商。招标和投标是卖主之间的竞争，拍卖是买主之间的竞争。

加工贸易俗称“两头在外贸易”，是指原材料、零部件、元器件、包装物料、辅助材料等料件从境外进口，在境内加工装配后，成品运往境外的贸易。加工贸易的形式多种多样，常见的基本形式主要有进料加工、来料加工。

补偿贸易是我国改革开放以来使用较多的一种利用外资的方式，通过较长期的融资，将从国外进口的设备、技术等价款以产品分期偿清。

重点与难点

学习重点

1. 独家经销、代理、寄售的概念、特点及分类；
2. 招标、投标和拍卖的概念、特点；
3. 加工贸易、补偿贸易的概念、特点和分类。

学习难点

能根据购销合同，灵活选用合适的贸易方式。

同步练习

任务一　认知独家经销、代理与寄售

一、单项选择题（从每小题给出的四个备选答案中选出一个正确答案，请将所选答案的字母填在题后的括号内）

1. 经销协议实质上是一份（　　）。

A. 买卖合同　B. 代理合同　C. 寄售合同　D. 拍卖合同

2. 出口商与国外经销商达成书面协议，在一定期限内，把一种商品或一类商品在指定地区的独家经营权授予该经销商，这种贸易方式称为（　　）。

A. 代理　B. 独家经销　C. 寄售　D. 拍卖

3. 代理人在委托人的授权范围内行事，不承担销售风险和费用，不必垫付资金，按交易数额提取约定的佣金，而不管交易的盈亏，这种贸易方式称为（　　）。

A. 拍卖　B. 独家经销　C. 寄售　D. 代理

4. 委托人（货主）先将货物运往寄售地，委托国外一个代销人，按照寄售协议规定的条件，由代销人代替货主进行销售，在货物出售后，由代销人向货主结算货款，这种贸易方式称为（　　）。

A. 拍卖　B. 独家经销　C. 寄售　D. 代理

5. 独家代理协议实质上是一份（　　）。

A. 买卖合同　B. 代理合同　C. 寄售合同　D. 拍卖合同

二、多项选择题（下列每题给出的四个选项中，至少有两个选项是符合题目要求的，请将所选答案的字母填在题后的括号内）

1. 独家经销协议一般应包含的内容有（　　）。

A. 经销期限　B. 佣金　C. 专营权　D. 价格

2. 独家代理协议一般应包含的内容有（　　）。

A. 代理期限　B. 专营权　C. 最低成交额　D. 佣金

3. 以下关于寄售贸易方式的说法，不正确的是（　　）。

A. 在代销人未将货物售出前，商品的所有权仍属寄售人所有

B. 是典型的凭实物进行买卖的现货交易

C. 寄售人和代销人之间是买卖关系

D．寄售货物在售出之前的一切费用和风险，均由代销人自行承担

4．代理按委托人授权的大小可分为（　　）。

A．总代理　　B．独家经销　　C．一般代理　　D．代理

三、判断题（正确的打“√”，错误的打“×”）

1．独家经销协议是指出口商与国外经销商签订的经销方式下双方权利和义务的书面文件，不具有法律效力。（　　）

2．寄售的货物在售出以前，所有的风险和费用都由寄售人自行承担，代销人只收取佣金作为报酬。（　　）

3．寄售是典型的凭实物进行买卖的现货交易。（　　）

4．独家代理是委托人在指定地区的全权代表，有权代理委托人进行签订买卖合同和其他范围广泛的商务活动。（　　）

5．总代理在指定地区和期限内，代理人对限定商品享有独家专营权。（　　）

四、填空题

1．独家经销商与出口商之间的关系是（　　　　）；独家代理中出口方与代理商之间的关系是（　　　　）；寄售人与代销人之间的关系是（　　　　）。

2．国际贸易中的代理主要是（　　　　）。

3．国际货物买卖中的代理按委托人授权的大小可分为（　　　　）、（　　　　）和（　　　　）。

4．独家代理与一般代理的主要区别是（　　　　）。

5．（　　　　）是指在同一代理地区和期限内，委托人可以同时委派几个代理人代表委托人的行为，代理人不享有独家经营权。

五、简答题

1．独家经销协议主要包括哪些内容？

2．独家代理协议主要包括哪些内容？

3．独家经销和独家代理有什么区别？

4．寄售有哪些特点？

六、名词解释

1．独家经销

2．独家代理

3．寄售

任务二　认知招标、投标和拍卖

一、单项选择题（从每小题给出的四个备选答案中选出一个正确答案，请将所选答案的字母填在题后的括号内）

1. 政府采购物资，大部分采用的招标方式是（　　）。

   A. 选择性招标　B. 公开招标　C. 谈判招标　D. 两段招标

2. （　　）是非公开的，是一种非竞争性的招标。

   A. 选择性招标　B. 公开招标　C. 谈判招标　D. 两段招标

3. 有些国家的政府或海关在处理库存物资或没收货物时，采用的拍卖方法是（　　）。

   A. 增价拍卖　B. 公开招标　C. 减价拍卖　D. 密封递价拍卖

4. （　　）是指招标人在主要报刊上刊登招标通告，以便使所有合法的投标者均有机会参与竞争。

   A. 选择性招标　B. 公开招标　C. 谈判招标　D. 两段招标

5. （　　）是指招标人不在报刊上刊登通告，而是根据自己具体的业务关系和情报资料由招标人向少数客商进行邀请，进行资格预审后，再由他们进行投标。

   A. 选择性招标　B. 公开招标　C. 谈判招标　D. 两段招标

二、多项选择题（下列每题给出的四个选项中，至少有两个选项是符合题目要求的，请将所选答案的字母填在题后的括号内）

1. 下列对招标和投标的描述，正确的有（　　）。

   A. 招标和投标双方的当事人之间为买卖关系

   B. 招标和投标是买主之间的竞争

   C. 招标和投标是卖主之间的竞争

   D. 招标和投标是两种不同的贸易方式

2. 下列对拍卖的描述，错误的有（　　）。

   A. 拍卖是一种公开竞卖的现货交易

   B. 参与拍卖的买主，一般事先看货，然后进行一对一的谈判协商

   C. 拍卖有自己独特的法律和规章

   D. 拍卖是在拍卖行的组织下有组织地进行

3．常用的招标方式有（　　）。

A．选择性招标　　　　B．公开招标

C．谈判招标　　　　D．两段招标

4．拍卖的竞价方法有（　　）。

A．增价拍卖　　　　B．公开招标

C．减价拍卖　　　　D．密封递价拍卖

三、判断题（正确的打“√”，错误的打“×”）

1．招标与投标不是两种贸易方式，而是一种贸易方式的两个方面。（　　）

2．投标是针对招标而来的后续行动，有投标才会有招标。（　　）

3．两段招标是指公开招标和选择招标的综合方式，它先是用公开招标，再用选择招标，分两段进行。（　　）

4．在国际贸易中，艺术品、茶叶、烟草、羊毛、毛皮、木材等商品采用拍卖方式进行交易。（　　）

5．最常用的拍卖方式是减价拍卖。（　　）

四、填空题

1. 常用的招标方式有（　　　　）、（　　　　）、（　　　　）和（　　　　）。

2. 拍卖的竞价方法有（　　　　　　）、（　　　　　　）和（　　　　　　）。

3．（　　　　）是先由拍卖人宣布最低价格，然后由竞买者相继叫价，竞相加价，直到拍卖人认为无人再出更高，马上成交。

4．（　　　　）是先由拍卖人喊出最高价格，然后逐渐降低叫价，直到有某一竞买者认为已经低到可以接受的价格，表示买进。

5．招标和投标是（　　　）之间的竞争，拍卖是（　　　）之间的竞争。

五、简答题

1．增价拍卖和减价拍卖之间有什么区别？

2．拍卖有什么特点？

六、名词解释

1．招标和投标

2．拍卖

任务三　区别加工贸易和补偿贸易

一、单项选择题（从每小题给出的四个备选答案中选出一个正确答案，请将所选答案的字母填在题后的括号内）

1．原材料、零部件、元器件、包装物料、辅助材料等料件从境外进口，在境内加工装配后，成品运往境外，这种贸易方式称为（　　）。

A．拍卖　　B．加工贸易　　C．寄售　　D．补偿贸易

2．经营企业用外汇购买料件进口，在境内制成成品后外销出口的经营活动，我们称之为（　　）。

A．来料加工　　B．直接产品补偿

C．进料加工　　D．间接产品补偿

3．由境外企业提供料件，经营企业不需要付汇进口，按境外企业的要求进行加工或装配，只收取加工费，制成品由境外企业销售的经营活动，我们称之为（　　）。

A．来料加工　　　　B．直接产品补偿

C．进料加工　　　　D．间接产品补偿

4．补偿贸易最基本的方法是（　　）。

A．来料加工　　　　B．直接产品补偿

C．进料加工　　　　D．间接产品补偿

5．（　　）是指设备与技术的进口方不是以设备与技术直接生产出来的产品而是以其他产品，来偿还设备与技术的本息。

A．来料加工　　　　B．直接产品补偿

C．进料加工　　　　D．间接产品补偿

二、多项选择题（下列每题给出的四个选项中，至少有两个选项是符合题目要求的，请将所选答案的字母填在题后的括号内）

1．加工贸易的形式多种多样，常见的基本形式主要有（　　）。

A．来料加工　　　　B．直接产品补偿

C．进料加工　　　　D．间接产品补偿

2．根据补偿产品的不同，补偿贸易可分为（　　）。

A．劳务补偿　　　　B．直接产品补偿

C．进料加工　　　　D．间接产品补偿

3．补偿贸易的特点是（　　）。

A．必须以信贷为前提

B．自担风险，自负盈亏

C．设备出口方必须承诺回购进口方的产品或劳务

D．不承担销售风险，赚取的是工缴费

4．来料加工的特点是（　　）。

A．进出口两个合同是两笔不同的交易

B．自担风险，自负盈亏

C．进出口两个合同属于同一笔交易

D．不承担销售风险，赚取的是工缴费

5．进料加工的特点是（　　）。

A．进出口两个合同是两笔不同的交易

B．自担风险，自负盈亏

C．进出口两个合同属于同一笔交易

D．不承担销售风险，赚取的是工缴费

三、判断题（正确的打“√”，错误的打“×”）

1．对于来料加工，经营企业必须自担风险，自负盈亏，通过来料加工获取商业利润。（　　）

2．对于进料加工，经营企业不承担销售风险，赚取的是工缴费。（　　）

3．补偿贸易是我国改革开放以来使用较多的一种利用外资的方式，通过较长期的融资，将从国外进口的设备、技术等价款以产品分期偿清。（　　）

4．间接产品补偿又称返销。（　　）

5．直接产品补偿又称返销。（　　）

四、填空题

1．加工贸易的形式多种多样，常见的基本形式主要有（　　　　）和（　　　　）。

2．加工贸易俗称（　　　　）。

3．根据补偿产品的不同，补偿贸易可分为（　　　　）、（　　　　）和（　　　　）。

4．（　　　　）是指交易的一方在对方提供信贷的基础上，进口设备和技术，不用现汇支付，而在约定的期限内用该进口技术、设备所生产的直接产品或相关产品或其他产品或劳务分期偿还进口设备的货款和利息。

5．（　　　　）是指原材料、零部件、元器件、包装物料、辅助材料等料件从境外进口，在境内加工装配后，成品运往境外的贸易。

五、简答题

来料加工和进料加工有什么区别和联系？

六、名词解释

1．加工贸易

2．补偿贸易

3．来料加工

4．进料加工

综合练习九

一、单项选择题（从每小题给出的四个备选答案中选出一个正确答案，请将所选答案的字母填在题后的括号内，每题 1 分，共 10 分）

1. 代理人在委托人的授权范围内行事，不承担销售风险和费用，不必垫付资金，按交易数额提取约定的佣金，而不管交易的盈亏，这种贸易方式称为（　　）。

A．拍卖　　B．独家经销　　C．寄售　　D．代理

2．下列关于经销和独家代理的描述中，正确的是（　　）。

A．经销商、独家代理商经营的目的均为获取佣金

B．经销商、独家代理商均享有指定商品的专营权

C．经销商、独家代理商均得到货物的所有权

D．经销商、独家代理商均和出口方签有买卖合同

3．独家代理与经销不同的是（　　）。

A．前者是代理关系，后者是买卖关系

B．前者是买卖关系，后者是代理关系

C．两者都是代理关系

D．两者都是买卖关系

4．在寄售协议下，代销人在未将货物售出前，货物的所有权属于（　　）。

A．代理人　　B．代销人　　C．寄售人　　D．经销人

5．在寄售协议中，寄售人和代销人之间的关系实质上是（　　）。

A．买卖关系　　B．委托代售关系

C．委托代理关系　　D．委托拍卖关系

6．关于拍卖和招标、投标，下列说法正确的是（　　）。

A．拍卖是卖主之间的竞争，招标、投标是买主之间的竞争

B．拍卖是买主之间的竞争，招标、投标是卖主之间的竞争

C．拍卖是买主和卖主之间的竞争，招标、投标是卖主之间的竞争

D．拍卖是拍卖行与拍卖行之间的竞争，招标、投标是卖买双方之间的竞争

7．经营企业用外汇购买料件进口，在境内制成成品后外销出口的经营活动，我们称之为（　　）。

A．来料加工　　B．直接产品补偿

C．进料加工　　D．间接产品补偿

8．（　　）是指设备与技术的进口方不是以设备与技术直接生产出来的产品而是以其他产品，来偿还设备与技术的本息。

A．来料加工　　B．直接产品补偿

C．进料加工　　D．间接产品补偿

9．政府采购物资，大部分采用的招标方式是（　　）。

A．选择性招标　　B．公开招标

C．谈判招标　　D．两段招标

10．有些国家的政府或海关在处理库存物资时往往采用（　　）。

A．密封式递价拍卖　　B．减价拍卖

C．增价拍卖　　D．一般拍卖

二、多项选择题（下列每题给出的四个选项中，至少有两个选项是符合题目要求的，请将所选答案的字母填在题后的括号内，每题2分，共20分）

1．以下关于寄售的说法，正确的是（　　）。

A．在代销人未将货物售出前，商品的所有权仍归寄售人所有

B．是典型的凭实物进行买卖的现货交易

C．寄售人和代销人之间是买卖关系

D．寄售货物在售出之前的一切费用和风险，均由代销人自行承担

2．代理按委托人授权的大小可分为（　　）。

A．总代理　　B．独家经销

C．一般代理　　D．代理

3．常用的招标方式有（　　）。

A．选择性招标　　B．公开招标

C．谈判招标　　D．两段招标

4．拍卖的竞价方法有（　　）。

A．增价拍卖　　B．公开招标

C．减价拍卖　　D．密封递价拍卖

5．加工贸易的形式多种多样，常见的基本形式主要有（　　）。

A．来料加工　　B．直接产品补偿

C．进料加工　　D．间接产品补偿

6. 根据补偿产品的不同，补偿贸易可分为（　　）。

A. 劳务补偿　　B. 直接产品补偿

C. 进料加工　　D. 间接产品补偿

7. 在加工贸易业务中，下列说法错误的是（　　）。

A. 进料加工中的料件进口、成品出口属于一笔交易

B. 进料加工中的料件进口、成品出口属于两笔交易

C. 来料加工中的料件进口、成品出口属于一笔交易

D. 来料加工中的料件进口、成品出口属于两笔交易

8. 进料加工的特点是（　　）。

A. 进出口两个合同是两笔不同的交易

B. 自担风险，自负盈亏

C. 必须以信贷为前提

D. 设备出口方必须承诺回购进口方的产品或劳务

9. 根据协议获得某地区商品专营权的是（　　）。

A. 寄售商　　B. 经销商

C. 独家代理商　　D. 拍卖商

10. 补偿贸易的特点是（　　）。

A. 必须以信贷为前提

B. 自担风险，自负盈亏

C. 设备出口方必须承诺回购进口方的产品或劳务

D. 不承担销售风险，赚取的是工缴费

三、判断题（正确的打“√”，错误的打“×”，每题 1 分，共 10 分）

1. 寄售与代理的一个共同点，就是双方当事人之间均属于委托关系，而非买卖关系。（　　）

2. 独家经销协议和独家代理协议都具有法律效力。（　　）

3. 寄售和拍卖都不属于现货交易。（　　）

4. 独家代理是在指定地区和期限内，代理人对限定商品享有独家专营权。（　　）

5. 招标与投标不是两种贸易方式，而是一种贸易方式的两个方面。（　　）

6. 最常用的拍卖方式是增价拍卖和减价拍卖。（　　）

7．进料加工和来料加工，经营企业都必须自担风险，自负盈亏，通过进料加工获取商业利润。（　　）

8．补偿贸易是指交易的一方在对方提供信贷的基础上，进口设备和技术，不用现汇支付，而在约定的期限内用该进口技术、设备所生产的直接产品或相关产品或其他产品或劳务分期偿还进口设备的货款和利息。（　　）

9．来料加工和进料加工都是利用我国劳动力，原料从国外进口，产品运到国外销售，属于“两头在外”的加工贸易方式。（　　）

10．直接产品补偿又称返销；间接产品补偿又称回购。（　　）

四、填空题（每空 1 分，共 23 分）

1．独家经销商与出口商之间的关系是（　　　　）；独家代理中出口方与代理商之间的关系是（　　　　）；寄售人与代销人之间的关系是（　　　　）。

2．国际货物买卖中的代理按委托人授权的大小可分为（　　　　）、（　　　　）和（　　　　）。

3．（　　　　）是指在同一代理地区和期限内，委托人可同时委派几个代理人代表委托人行为，代理人不享有独家经营权。

4．常用的招标方式有（　　　　）、（　　　　）、（　　　　）和（　　　　）。

5．拍卖的竞价方法有（　　　　）、（　　　　）和（　　　　）。

6．招标和投标是（　　　　）之间的竞争，拍卖是（　　　　）之间的竞争。

7．加工贸易的形式多种多样，常见的基本形式主要有（　　　　）和（　　　　）。

8．根据补偿产品的不同，补偿贸易可分为（　　　　）、（　　　　）和（　　　　）。

9．（　　　　）是指交易的一方在对方提供信贷的基础上，进口设备和技术，不用现汇支付，而在约定的期限内用该进口技术、设备所生产的直接产品或相关产品或其他产品或劳务分期偿还进口设备的货款和利息。

10．（　　　　）是指原材料、零部件、元器件、包装物料、辅助材料等料件从境外进口，在境内加工装配后，成品运往境外的贸易。

五、简答题（共27分）

1．独家经销和独家代理有什么区别？（共9分）

2．寄售有什么特点？（共4分）

3．增价拍卖和减价拍卖之间有什么区别？（共6分）

4．拍卖有什么特点？（共3分）

5．进料加工和来料加工有什么区别和联系？（共5分）

六、名词解释（每题 3 分，共 18 分）

1．独家经销

2．独家代理

3．来料加工

4．进料加工

5．加工贸易

6．补偿贸易

综合测试一

一、单项选择题（从每小题给出的四个备选答案中选出一个正确答案，请将所选答案的字母填在题后的括号内。每题 1 分，共 15 分）

1．表示品质明确具体、简单易行，故在国际贸易中被广泛运用的方法是（　　）。

A．凭说明买卖　　B．凭规格买卖

C．凭等级买卖　　D．凭样品买卖

2．在交货数量前加上“约”或“大约”字样，按惯例 UCP600 的规定，这种约定可解释为交货数量不超过（　　）的增加幅度。

A．10%　　B．5%　　C．2.5%　　D．1.5%

3．在品质条款的规定上，对某些初期产品，我们多在合同中规定（　　）。

A．溢短装条款　　B．增减价条款

C．品质机动幅度　　D．商品的净重

4．我国出口大宗商品，按 CIF 新加坡术语成交，合同规定采用租船运输，如我方不想负担卸货费用，应采用的贸易术语是（　　）。

A．CIF Liner Terms　　B．CIF Landed

C．CIF Ex Ship's Hold　　D．CIF Ex Tackle

5．在以 CIF 和 CFR 术语成交的条件下，货物运输保险分别由卖方和买方办理，在运输途中货物灭失和损坏的风险（　　）。

A．前者由卖方承担，后者由买方承担

B．均由卖方承担

C．均由买方承担

D．前者由买方承担，后者由卖方承担

6. 按照《2000 年国际贸易术语解释通则》的规定，以 FOB ST 贸易术语成交，买卖双方风险的划分界限是（　　）。

A. 货交承运人　　B. 装运港船舷

C. 目的港码头　　D. 装运港码头

7.《1932 年华沙—牛津规则》是国际法协会专门为解释（　　）合同而制定的。

A. FOB　　B. CFR　　C. CIF　　D. FCA

8. 班轮运输应该（　　）。

A. 包括装卸费，但不计滞期费、速遣费

B. 包括装货费，但不计滞期费、速遣费

C. 包括装卸费和滞期费，但不计速遣费

D. 包括装卸费和速遣费，但不计滞期费

9. 经过背书才能转让的提单是（　　）。

A. 指示提单　　B. 不记名提单

C. 记名提单　　D. 清洁提单

10. 签发多式联运提单的承运人应（　　）。

A. 只对第一程运输负责　　B. 必须对全程运输负责

C. 对运输不负责　　D. 只对最后一程运输负责

11. 急需药品、图纸资料、文件、合同等小件物品一般采用（　　）。

A. 班机运输　　B. 急件专递

C. 集中托运　　D. 包机运输

12. 有一批出口服装，在海上运输途中，因船体触礁导致服装严重受浸，如果将这批服装漂洗后再运至原定目的港所花费的费用已超过服装的保险价格，这批服装应属于（　　）。

A. 共同海损　　B. 实际全损　　C. 推定全损　　D. 单独海损

13. 我方按 CIF 条件成交出口一批罐头食品，投保时应投保（　　）。

A. 平安险 + 水渍险　　B. 一切险 + 破碎险

C. 平安险 + 破碎险　　D. 平安险 + 一切险

14. LCL 的含义是（　　）。

A. 集装箱堆场　　B. 集装箱货运站

C. 拼箱货　　D. 整箱货

15．国外开来的不可撤销信用证规定，汇票的付款人为开证行，货物装船完毕后，闻悉申请人已经破产，则（　　）。

A．由于付款人破产，货款将落空

B．可立即通知承运人行使停运权

C．只要单、证相符，受益人仍可从开证行取得货款

D．待付款人财产清算后方可收回货款

二、多项选择题（下列每题给出的四个选项中，至少有两个选项是符合题目要求的，请将所选答案的字母填在题后的括号内。每题 2 分，共 10 分）

1．按照 CIF Ex Tackle 成交的一批货物，应由卖方负担的费用是（　　）。

A．运费　B．卸货费　C．装船费　D．保险费

2．汇付的方式有（　　）。

A．信汇　B．电汇　C．票汇　D．邮汇

3．我国海运货物保险条款将海运货物保险险别分为（　　）两类。

A．基本险　B．附加险　C．平安险　D．水渍险

4．交易磋商程序必不可少的环节是（　　）。

A．询盘　B．发盘　C．还盘　D．接受

5．进口索赔的对象是（　　）。

A．银行　B．保险公司　C．承运人　D．出口方

三、判断题（正确的打“√”，错误的打“×”。每题 1 分，共 10 分）

1．汇票是由一人签发给另一人的无条件书面命令，要求受票人见票时或于未来某一规定的或可以确定的时间，将一定金额的款项支付给某一特定的人或其所指定的人或持票人。（　　）

2．对开信用证是两张信用证的开证申请人互相以对方为受益人而开立的信用证。（　　）

3．CIF 和 CIP 术语在交货地点、风险界限及卖方承担的责任和费用等方面都是一样的。（　　）

4．合同中未注明商品重量是按毛重还是按净重计算时，习惯上应按净重计算。（　　）

5．某商品每千克 100 美元 FOB C3%上海，现客户要求将佣金增加到 5%，在保持出口净收入不变的情况下，应报每千克 101.85 美元 FOB C 5%上海。（　　）

6．在投保一切险后，无论货物在海运途中由于何种外来原因造成货损货差，保险公司均应负责赔偿。（　　）

7．招标和投标是一种贸易方式的两个方面。（　　）

8．接受通知送达受盘人时已超过发盘规定的有效期，如发盘人立即予以确认，则合同仍然可以成立。（　　）

9．在寄售业务中，代销商不得以自己的名义出售货物、收取货款并执行与买主订立的合同。（　　）

10．仲裁裁决具有终局效力，对双方当事人均具约束力，任何一方都不得向法院起诉要求变更。（　　）

四、填空题（每空 1 分，共 15 分）

1．按照《2000 年国际贸易术语解释通则》的规定，由买方负责办理出口结关手续的贸易术语是(　　　)；由卖方负责办理进口结关手续的贸易术语是(　　　)。

2．品质机动幅度的规定方法有（　　　）、（　　　）和（　　　）。

3．海洋运输按照船舶经营方式的不同，可分为（　　　）和（　　　）两种。

4．国际贸易结算票据包括（　　　）、（　　　）和（　　　）。

5．海上货物运输的基本险别有（　　　）、（　　　）和（　　　）。

6．按受益人对信用证的权利可否转让，信用证可分为（　　　　）和（　　　　）。

五、简答题（共 21 分）

1．溢短装条款的内容是什么？（3 分）

2．FOB 术语的变形有哪些？（5 分）

3．发盘失效的情况有哪些？（5 分）

4．进料加工与来料加工有什么异同？（5 分）

5．运输标志的主要内容包括哪些？（3 分）

六、名词解释（每题 3 分，共 12 分）

1．品质机动幅度

2．CIF 术语

3．发盘

4．仲裁

七、计算题（共 7 分）

某公司出口货物共 200 箱，对外报价为每箱 438 美元 CFR 马尼拉，菲律宾商人要求将价格改报为 FOB 价，试求每箱货物应付的运费及应改报的 FOB 价为多少？（已知该批货物每箱的体积为 45cm×35cm×25cm，毛重为 30kg，商品计费标准为 W/M，基本运费为每运费吨 100 美元，到马尼拉港需加收燃油附加费 20%，货币附加费 10%，港口拥挤费 20%）

八、案例分析题（共 10 分）

1．一份买卖日用品的 CIF 合同规定“9 月份装运”，即期信用证的有效期为 10 月 15 日。卖方 10 月 6 日向银行办理议付所提交的单据中，包括 9 月 29 日签发的已装船清洁提单。经银行审核，单单相符、单证相符，银行接收单据并支付了货款。但买方收到货物后，发现货物严重受损，且短少 50 箱。买方因此拒绝收货，并要求卖方退回货款。

问：（1）买方有无拒收货物并要求退款的权利，为什么？

（2）此案中的买方应如何妥善处理此事？

2．一份 CIF 合同，出售大米 50 吨，卖方在装船前投保了一切险加战争险，自南美内陆仓库起，直至英国伦敦的买方仓库为止。货物从卖方仓库运往码头装运途中，发生了承保范围内的货物损失。当卖方凭保险单向保险公司提出索赔时，保险公司以货物未装运，货物损失不在承保范围内为由，拒绝赔偿。

问：在上述情况下，卖方有无权利向保险公司索赔？为什么？

综合测试二

一、单项选择题（从每小题给出的四个备选答案中选出一个正确答案，请将所选答案的字母填在题后的括号内。每题 1 分，共 15 分）

1. 用班轮运输货物，在规定运费计收标准时，如采用“A.V”的规定方法，则表示（　　）。

A．按货物的毛重计收　　B．按货物的体积计收

C．按货物的件数计收　　D．按货物的价格计收

2. 出口羊毛、生丝时，通常按（　　）计算其重量。

A．净重　　B．以毛作净　　C．公量　　D．法定重量

3. 卖方根据买方来样复制样品，寄送买方并经其确认的样品，被称为（　　）。

A．复样　　B．标准样品　　C．对等样品　　D．参考样品

4. 某出口商品每件净重 30kg，毛重 34kg，每件体积 40cm×30cm×20cm。如果班轮运价计费标准为 W/M 10 级，则船公司计收运费时应按（　　）。

A．体积计收　　B．净重计收　　C．毛重计收　　D．价值计收

5. 根据中国人民保险公司《海洋运输货物保险条款》规定，下列基本险中承保责任范围最大的是（　　）。

A．平安险　　B．水渍险　　C．一切险　　D．一般附加险

6. 在国际贸易中，受用最多的提单是（　　）。

A．记名提单　　B．不记名提单　　C．指示提单　　D．以上都不是

7. 在海运过程中，船舶因故搁浅，船长为脱浅将部分货物抛入海中以卸载，这部分货物的损失属于（　　）。

A．共同海损　　B．单独海损　　C．实际全损　　D．推定全损

8. （　　）是指除共同海损以外的，由海上风险直接导致的船舶或货物的部分损失。

A．共同海损　　B．单独海损　　C．施救费用　　D．救助费用

9. 拍卖人先宣布货物的底价，由竞买者按规定竞相加价，当无人再出更高价格时即宣布成交的拍卖方式是（　　）。

A．增价拍卖　　B．减价拍卖

C．招标式拍卖　　D．密封递价拍卖

10. 我方某公司向国外客户发盘，限 3 月 15 日复到有效，3 月 12 日接到对方复电："你 10 日电接受，但以获得进口许可为准。"该接受实际上是（　　）。

A．有效接受　　B．还盘

C．逾期接受　　D．只要我方未表态，即为接受

11. 汇票根据（　　）的不同，分为即期汇票和远期汇票。

A．出票人　　B．付款人　　C．付款时间　　D．承兑人

12. 在买卖合同的检验条款中，关于检验地点的规定使用最多的是（　　）。

A．在出口国检验

B．在进口国检验

C．在出口国检验，在进口国复验

D．在进口国检验，在出口国复验

13. （　　）是指议付行根据向国外付款行索偿所需时间，预先确定一个固定的结汇期限，到期后主动将票款折合成人民币拨给外贸公司。

A．收妥结汇　　B．定期结汇　　C．押汇　　D．议付

14. 在国际货物买卖中，"接受"在法律上称为（　　）。

A．要约　　B．反要约　　C．承诺　　D．生效

15. 按照公约的规定，发盘（　　）。

A．既可以撤回，也可以撤销　　B．可以撤回，但不能撤销

C．既不能撤销，也不能撤回　　D．可以撤销，但不能撤回

二、多项选择题（下列每题给出的四个选项中，至少有两个选项是符合题目要求的，请将所选答案的字母填在题后的括号内。每题 2 分，共 10 分）

1. 商品的单价构成包括（　　）。

A．计价数量单位　　B．单位价格金额

C．计价货币　　　　　　　　　　D．贸易术语

2．以 FOB 术语成交，买方的义务是（　　）。

A．负责租船订舱，支付运费，并给予对方关于船名、装船地点和要求交货时间的充分通知

B．负责办理货物的进口清关

C．承担货物在装运港越过船舷之后的一切费用和风险

D．负责提交商业发票和证明货物已交至船上的通常单据，或具有同等作用的电子信息

3．解决国际贸易争议的途径主要有（　　）。

A．双方友好协商　　　　　　　　B．第三者调解

C．仲裁　　　　　　　　　　　　D．诉讼

4．信用证的性质和特点是（　　）。

A．信用证是一种银行信用　　　　B．信用证业务是单据业务

C．信用证是一种收付工具　　　　D．信用证是一种独立的文件

5．履行出口合同的工作可概括为（　　）。

A．货　　　　B．证　　　　C．船　　　　D．款

三、判断题（正确的打“√”，错误的打“×”。每题 1 分，共 10 分）

1．运输包装的标志就是运输标志，也就是通常所说的唛头。（　　）

2．信用证的修改可以随时进行，发现一处即可向国外开证行申请修改一处。（　　）

3．按 CIF 贸易术语成交，尽管价格中包括至目的港的运费和保险费，但卖方不承担货物必然到达目的港的责任。（　　）

4．保险凭证在法律上与保险单具有同等的法律效力。（　　）

5．接受得以撤销，则撤销通知应于接受生效之前或同时送达发盘人。（　　）

6．我方出口某货物 50 箱，投保了平安险，在运输途中因暴风雨损坏 20 箱，保险公司应予以赔偿。（　　）

7．在结算中，银行通常不接受不清洁提单。（　　）

8．采用 FOB、CFR、CIF 三种贸易术语成交时，货物在装运港越过船舷以后，风险即告转移。因此，当货物到达目的港后，买方如发现到货品质、数量或包装有任何与合同规定不符的情况，卖方概不负责。（　　）

9．在国际贸易结算中绝大多数使用可撤销信用证。（　　）

10．独家代理是委托人在指定地区的全权代表，有权代理委托人进行签订买卖合同和其他范围广泛的商务活动。（　　）

四、填空题（每空 1 分，共 15 分）

1．根据《联合国国际货物销售合同公约》的规定，合同中未规定以毛重还是以净重计重时，一般按（　　）计重。

2．商品的品质是指商品的（　　）和（　　）的综合。

3．FOB 的中文名称是（　　）。

4．FOB、CFR、CIF 三种贸易术语，买卖双方的风险划分是以（　　）为界。

5．提单根据货物外表有无不良批注，可分为（　　）和（　　）。

6．根据中国人民保险公司《海洋运输货物保险条款》的规定，海洋运输货物保险的险别按照能否单独投保，分为（　　）和（　　）两大类。

7．交易磋商程序一般要经过四个环节，其中（　　）和（　　）是达成交易、合同成立的不可缺少的两个基本环节和必经的法律步骤。

8．（　　）是一个人向另一个人签发的，要求见票时或在将来的固定时间，或可以确定的时间，对某人或其指定的人或持票人支付一定金额的无条件的书面支付命令。

9．（　　）是一种银行开立的有条件的保证付款的书面文件。

10．不可抗力的后果有两个，一是（　　）；二是（　　）。

五、简答题（共 22 分）

1．班轮运输有哪些特点？（3 分）

2．CIF 术语卖方应尽的义务是什么？（4 分）

3．提单有哪些性质和特点？（3 分）

4．一项有效的接受应具备哪些条件？（4 分）

5．信用证的特点是什么？（3 分）

6．国际货物买卖合同有效成立应具备哪些条件？（5 分）

六、名词解释（每题 3 分，共 12 分）

1．象征性交货

2．共同海损

3．不可抗力

4．发盘

七、计算题（共 7 分）

中国 A 公司对外出售货物一批，合同规定：数量 100 公吨，单价每公吨 1 000 英镑 CIF 伦敦，卖方按发票金额加一成投保水渍险和短量险，保险费率分别为 0.3%和 0.2%。试计算 A 公司的投保金额是多少？应缴的保险费是多少？

八、案例题（共 9 分）

我国某公司和德国签订了一份出口合同，出口前该批货物已按发票总值的 110%投保了平安险，运载该批货物的海轮于 2011 年 8 月 10 日在海上遇到“梅花”强台风，致使一部分货物受到水渍，损失价值为 8 000 美元。该船在继续航行时，又因海上大雾与另一艘船相撞，致使该批货物又遭到部分损失，价值为 2 000 美元。请问：该批货物遭受的损失保险公司是否应该赔偿？为什么？

综合测试三

一、单项选择题（从每小题给出的四个备选答案中选出一个正确答案，请将所选答案的字母填在题后的括号内。每题 1 分，共 15 分）

1．所谓“大路货”是指（　　）。

A．rade　　B．Selected　　C．F.A.Q.　　D.D.L.H.

2．对于溢短装部分的作价方法，如果合同中没有明确规定，按照惯例，其做法是（　　）。

A．按平均价格计算　　B．按装船时的国际市场价格作价

C．按合同价格作价　　D．按到货时的国际市场价格作价

3．出口商品采用中性包装就是（　　）。

A．包装上仅有外商指定的商标或牌号，但无生产地名和厂商名称

B．包装上既无商标、牌号，又无生产地名和厂商名称

C．在采用外商指定的商标或牌号时，标示“中国制造”字样

D．包装上无商标或牌号，仅注明“中国制造”字样

4．在收货人栏内列明收货人名称，货物只能交给该收货人，不能背书转让的是（　　）。

A．不记名提单　　B．指示提单

C．记名提单　　D．清洁提单

5．由买方办理出口清关手续的贸易术语是（　　）。

A．FOB　　B．CIF　　C．CFR　　D．EXW

6．采用班轮运送货物，如果运费计收标准为“W”，则表示（　　）。

A．按货物体积计收　　B．按货物毛重计收

C．按商品价格计收　　D．按货物件数计收

7. 具有物权凭证作用的单据是（　　）。

A. 商业发票　　B. 提单

C. 航空运单　　D. 铁路运单

8. 在海上风险中，雷雨、海啸属于（　　）。

A. 自然灾害　　B. 意外事故

C. 一般外来风险　　D. 特殊外来风险

9. 我方以 CIF 条件成交一笔出口业务，按国际惯例，应投保加（　　）。

A. 一成　　B. 二成　　C. 三成　　D. 四成

10. 根据《2000 年国际贸易术语解释通则》的解释，按 CIF 术语成交的合同，由卖方办理货运保险。货物在运输途中由于海轮触礁沉没全部灭失，此损失应由（　　）。

A. 卖方向保险公司索赔　　B. 买方向保险公司索赔

C. 船方负责赔偿　　D. 卖方负责赔偿

11. 在 CFR 合同中，由买方负担卸货费用的是（　　）。

A. CFR Liner Terms　　B. CFR Under Ship's Tackle

C. CFR Ex Ship's Hold　　D. CFR Landed

12. 据 UCP600 的规定，信用证项下汇票的付款人应是（　　）。

A. 开证申请人　　B. 开证行

C. 议付行　　D. 通知行

13. 下列属于最可取的不可抗力条款的规定方法是（　　）。

A. 概括式　　B. 列举式　　C. 综合式　　D. 条文式

14. 关于接受的生效，我国实行的原则是（　　）。

A. 投邮生效　　B. 到达生效　　C. 签署日生效　　D. 双方协商

15. 独家代理协议实质上是一份（　　）。

A. 买卖合同　　B. 拍卖合同　　C. 寄售合同　　D. 代理合同

二、多项选择题（下列每题给出的四个选项中，至少有两个选项是符合题目要求的，请将所选答案的字母填在题后的括号内。每题 2 分，共 10 分）

1. 规定品质机动幅度的方法有（　　）。

A. 规定范围　　B. 规定极限

C. 规定上下差异　　D. 规定品质公差

2．根据使用汇票的不同，托收可以分为（　　）。

A．跟单托收　　B．付款交单　　C．承兑交单　　D．光票托收

3．根据《联合国国际货物销售合同公约》的规定，一项已经生效的发盘不能撤销的条件是（　　）。

A．发盘规定了有效期

B．发盘未规定有效期

C．发盘中明确规定该发盘是不可撤销的

D．受盘人有理由相信该发盘是不可撤销的，并采取了行动

4．在我国进出口业务中，出口结汇的方法有（　　）。

A．收妥结汇　　B．买单结汇　　C．定期结汇　　D．出口押汇

5．英国《协会货物险》与中国《海运货物保险条款》规定的险别在承保范围上大体相当的是（　　）。

A．ICC（B）与水渍险　　B．一切险与ICC（A）

C．一切险与ICC（C）　　D．ICC（A）与平安险

三、判断题（每题1分，共10分。正确的打“√”，错误的打“×”）

1．按照毛重计算重量又称以毛作净。（　　）

2．进出口大宗低价商品时，通常采用租船运输方式；少量货物或杂货运输，通常采用班轮运输。（　　）

3．FOB术语变形在改变装船费用负担的同时，也改变了风险的划分。（　　）

4．商业汇票和银行汇票的主要区别在于前者的付款人是商业企业，后者的付款人是银行。（　　）

5．某外商来电要我方提供大豆，按含油量18%，含水量14%，不完善粒7%，杂质1%的规格订立合同。对此，在一般条件下，我方可以接受。（　　）

6．我公司以CIF条件出口时，我方应负责投保，按《2000年国际贸易术语解释通则》的规定，应投保最低责任的保险险别。（　　）

7．保险凭证在法律上与保险单具有同等的法律效力。（　　）

8．清洁提单是指无任何批注的提单。（　　）

9．根据《联合国国际货物销售合同公约》的规定，一项发盘只要有货物名称、数量和价格三项内容，就属于内容完整。（　　）

10．信用证开出后，如进口方收到信用证后要求修改某些条款，经出口方同意，可向银行办理改证手续。（　　）

四、填空题（每空 1 分，共 15 分）

1．在国际贸易中，机器、电器和仪表等技术密集型产品，一般采用（　　　　　　　　　）来表示该货物的品质。

2．在 FOB 班轮条件下，由买方负担（　　　　　）费用；CIF 班轮条件，由卖方负担（　　　　　）费用。

3．提单按货物是否已装船，分为（　　　　　　　）和（　　　　　　　）。

4．在国际贸易中，结算的主要票据包括（　　　　）、（　　　　）和（　　　　），其中使用最多的是（　　　　）。

5．解决国际贸易争议的方式有（　　　　）、（　　　　）、（　　　　）或（　　　　）。

6. 加工贸易的形式多种多样，常见的基本形式主要有（　　　　）和（　　　　）。

五、简答题（共 24 分）

1．表示商品品质的方法有哪些？（7 分）

2．构成共同海损的条件有哪些？（4 分）

3．国际多式联运必须具备哪些条件？（5 分）

4．FOB 术语买卖双方的义务是什么？（4 分）

5．一项有效的发盘必须具备哪些条件?（4 分）

六、名词解释（每题 3 分，共 12 分）

1．FOB 术语

2．定牌中性包装

3．单独海损

4．指示提单

七、计算题（共 5 分）

对外报价为每公吨 2 000 美元 CIF C2%纽约，外商要求将佣金率提高至 4%。在保持我方净收入不变的情况下，应报价多少美元？

八、案例分析题（共 9 分）

某货轮从天津新港驶往新加坡，在航行途中船舶货舱起火，大火蔓延到机舱。船长为了船、货的共同安全，下令往舱内灌水，火很快就被扑灭，但由于主机受损，无法继续航行，于是船长决定雇用拖轮将船拖回新港修理，修好后重新驶往新加坡。这次造成的损失有（1）1 000 箱货被火烧毁；（2）600 箱货被水浸湿；（3）主机和部分甲板被烧坏；（4）雇用拖轮产生的费用；（5）额外增加的燃料费和船员的工资。

问：从损失的性质上看，上述损失各属于何种损失？请简要说明理由。

综合测试四

一、单项选择题（从每小题给出的四个备选答案中选出一个正确答案，请将所选答案的字母填在题后的括号内。每题 1 分，共 15 分）

1. 卖方承担义务最大的术语是（　　）。

A．DDU　　B．CIP　　C．DDP　　D．EXW

2. 在运输包装上书写、压印、刷制的简单图形、文字和数字叫（　　）。

A．指示性标志　　B．运输标志

C．警告性标志　　D．销售标志

3. 以 CIF 汉堡条件成交，卖方应承担货物风险直到（　　）。

A．在汉堡港卸下货物为止　　B．船到汉堡港为止

C．货物在装运港越过船舷为止　　D．货物运出工厂为止

4. 买方采用 FOB 条件进口散装小麦，货物用程租船运输，卖方不愿意承担装船费用，可以采用的术语是（　　）。

A．FOB Trimmed　　B．FOB Stowed

C．FOB Stowed and Trimmed　　D．FOB Under Tackle

5. 在海运过程中，被保险物茶叶经串味后不能饮用，这种海上损失属于（　　）。

A．实际全损　　B．推定全损　　C．共同海损　　D．单独海损

6.（　　）是指载货船舶不直接驶往目的港，必须在途中某港换装另一船舶运达目的港时所签发的包括运输全程的提单。

A．直运提单　　B．转船提单　　C．联运提单　　D．备运提单

7. 就出口方承担的责任而言，下列说法正确的是（　　）。

A．CFR＞CIF　　B．CFR ＜CIF

C．CFR=CIF　　D．以上说法都不对

8．支票是以银行为付款人的（　　）。

A．即期本票　　B．即期汇票

C．远期本票　　D．远期汇票

9．当合同在对外洽谈过程中，如果报出净价 1 000 美元，可是对方要求 3%的佣金，为了保证实收 1 000 美元，所报的含佣价应是（　　）。

A．1 030 美元　　B．1 000 美元

C．1 030.93 美元　　D．1 100 美元

10．（　　）多用于来料加工、易货贸易和补偿贸易中。

A．预支信用证　　B．备用信用证

C．对开信用证　　D．对背信用证

11．FCL 表示（　　）。

A．整箱货　　B．拼箱货

C．集装箱堆场　　D．集装箱货运站

12．共同海损的牺牲和费用要在（　　）的基础上按比例分摊。

A．货物总值　　B．保险价值

C．灭失价值　　D．最后获救价值

13．在国际贸易中，对于某些品质变化较大而难以规定统一指标的农副产品，其表示品质的方法常用（　　）。

A．良好平均品质　　B．看货买卖

C．上好可销品质　　D．凭说明书买卖

14．出口羊毛时，重量的计算通常采用（　　）。

A．毛重　　B．净重　　C．公量　　D．理论重量

15．下列属于免责条款的是（　　）。

A．检验检疫条款　　B．索赔条款

C．不可抗力条款　　D．仲裁条款

二、多项选择题（下列每题给出的四个选项中，至少有两个选项是符合题目要求的，请将所选答案的字母填在题后的括号内。每题 2 分，共 10 分）

1．我国海洋货物运输保险条款，一切险包括（　　）。

A．淡水雨淋险　　B．交货不到险

C．钩损险　　D．舱面险

2．汇付的当事人包括（　　）。

A．汇款人　　B．收款人　　C．议付行　　D．托收行

3．规定品质机动幅度的方法有（　　）。

A．规定范围　　B．规定极限

C．规定上下差异　　D．规定品质公差

4．以下是我国某外贸公司业务员对外出口的报价，不正确的是（　　）。

A．每打 30 英镑 CFR 英国　　B．每公吨 200 美元 FOB 新港

C．每箱 CIF 伦敦 50.50 元　　D．每台 300 马克 CIF 上海

5. 在海上货物运输保险业务中，构成被保险货物“实际全损”的情况有（　　）。

A．保险标的物完全灭失

B．保险标的物遭受严重损害已丧失原有用途，已不具有任何使用价值

C．保险标的物的丧失已无法挽回

D．船舶失踪，到达一定期限，仍杳无音信

三、判断题（正确的打“√”，错误的打“×”。每题 1 分，共 10 分）

1．煤炭、矿砂适宜裸装，而钢材、橡胶适宜散装。（　　）

2．目前使用最多的是“凭指示”并经空白背书的提单，习惯上称其为“空白抬头、空白背书”提单。（　　）

3．发盘人在发盘的有效期内受其约束，超过有效期，发盘人则不再受其约束。（　　）

4．CIP 术语要求卖方负担出口清关费用。（　　）

5．我国某公司从天津出口一批货物到伦敦，在 CIF 伦敦条件下，交货地点为伦敦。（　　）

6．在实际业务中常将 CIF 价格称做“到岸价”。也就是说，按 CIF 术语成交时，卖方要承担货物到达目的港之前的一切风险。（　　）

7．在采用票汇付款的情况下，由卖方购买银行汇票径寄买方，故这种付款方式属于银行信用。（　　）

8．根据 UCP600 的规定，除非信用证另有相反规定，可以允许分批装运和转运。（　　）

9．还盘并非交易磋商的必要环节。（　　）

10．独家代理协议是指明确委托人与代理人之间权利与义务的书面文件，具有法律效力。（　　）

四、填空题（每空 1 分，共 15 分）

1．根据提单收货人抬头的不同，提单可分为（　　　　）、（　　　　）和（　　　　）。

2.《2000 年国际贸易术语解释通则》中，由卖方办理进口手续的术语是（　　　），由买方办理出口手续的术语是（　　　）。

3. 我国海洋货物运输保险的险别，根据能否单独投保，分为（　　　）和（　　　）。

4．按信用证受益人的权力是否可以转让，信用证可分为（　　　　）和（　　　　）。

5．运输包装上的标志，按其作用可分为（　　　　）、（　　　　）和（　　　　）。

6. 班轮运输四固定的特点是（　　　　）、（　　　　）、（　　　　）和相对固定的运费率。

五、简答题（共 23 分）

1．中国海洋货物运输保险的一般附加险是如何分类的？（5 分）

2．汇票的主要种类有哪些？（4 分）

3．FOB、CFR 和 CIF 三种贸易术语有何异同？（9 分）

4．履行出口合同的一般程序有哪些？（5 分）

六、名词解释（每题 3 分，共 12 分）

1．汇票

2．对等样品

3．信用证

4．接受

七、计算题（共 7 分）

青岛某出口公司出口某商品共 1 000 公吨，每公吨 CIF 纽约 10 000 美元，加一成投保一切险加战争险，保险费率分别为 0.15%和 0.03%。试计算该公司的投保金额及应向保险公司支付多少保险费？

八、案例分析题（共 8 分）

我国某外贸公司与澳大利亚某厂商达成一项皮手套出口合同，价格条件为 CIF Sydney，payment by irrevocable sight L/C, insurance is to be effected against ICC（A）based on ICC（1982）。生产厂家在生产的最后一道工序将手套的湿度降低限度，然后用牛皮纸包好装入双层瓦楞纸箱，再装入集装箱。货物到达目的港后，检验结果表明，全部货物湿、霉、玷污、变色，损失达 8 万美元。据分析，该批货物出口地不宜常热，进口地不宜常冷，完全属于正常运输。请问：（1）保险公司对该批货物是否负责赔偿？为什么？（2）进口商对受损货物是否支付货款？为什么？

综合测试五

一、单项选择题（从每小题给出的四个备选答案中选出一个正确答案，请将所选答案的字母填在题后的括号内。每题 1 分，共 15 分）

1. 卖方可根据买方提供的样品加工复制出一个类似的样品交买方确认，这种经确认的样品称为（　　）。

   A. 复样　　B. 回样　　C. 确认样　　D. 卖方样品

2. 下列属于商品内在素质的是（　　）。

   A. 色泽　　B. 透明度

   C. 化学成分　　D. 外形

3. 按照《2000 年国际贸易术语解释通则》的解释，FAS 条件下买卖双方风险划分的界限是（　　）。

   A. 装运港船边　　B. 装运港船上

   C. 目的港船边　　D. 目的港船上

4. 在《伦敦保险协会货物保险条款》的三种主要险别中，保险人责任最小的险别是（　　）。

   A. A 险　　B. B 险　　C. C 险　　D. 战争险

5. 保险凭证俗称（　　）。

   A. 大保单　　B. 小保单　　C. 出口保险单　　D. 预约保险单

6. （　　）是指在提示或见票后立即付款的汇票。

   A. 银行汇票　　B. 商业汇票　　C. 即期汇票　　D. 远期汇票

7. 我国某进出口公司于 2012 年 1 月 15 日用电报向外国一公司发盘，要求在 20 日复到我公司有效。1 月 18 日上午 9：00，我公司同时收到外国公司表示接受和撤回接受的电传。根据《联合国国际货物销售合同公约》的规定，此接受（　　）。

A．可以撤回　　　　　　　　B．不可以撤回，必须与我公司签订合同

C．经我公司同意方可撤回　　D．视为撤销

8．（　　）通常是在等量、分批、均匀交货的长期供货合同中采用。

A．保兑信用证　　　　　　　B．远期信用证

C．不可转让信用证　　　　　D．循环信用证

9．汇票票面的当事人不包括（　　）。

A．出票人　　B．收款人　　C．付款人　　D．汇款人

10．在买卖合同的检验条款中，关于检验地点的规定，使用最多的是（　　）。

A．在出口国检验

B．在进口国检验

C．在进口国检验，出口国复验

D．在出口国检验，进口国复验

11．在海运过程中，船舶因故搁浅，船长为脱浅，将部分货物抛入海中以卸载，这部分货物损失属于（　　）。

A．共同海损　　　　　　　　B．单独海损

C．实际全损　　　　　　　　D．推定全损

12．某公司按 CIF 条件出口坯布 1 000 包，货物在途中因船舱淡水管道滴漏，致使该批坯布中的 150 包遭水渍，保险公司对投保下列哪种险别负责赔偿（　　）。

A．平安险　　　　　　　　　B．水渍险

C．一切险　　　　　　　　　D．以上都不正确

13．战争、罢工、拒收及交货不到等风险属于（　　）。

A．自然灾害　　　　　　　　B．意外事故

C．一般外来风险　　　　　　D．特殊外来风险

14．某公司某年 10 月与外商签订了一份农产品出口合同，交货期为当年 10～12 月。签约后派人去产区收货，但由于该年 7～8 月产区遭受旱灾，产品无收，出口人能否以不可抗力为由撤销合同？（　　）

A．能够撤销合同

B．不能撤销合同

C．要对灾情进行调查，视情况而定

D．可以更改合同

15．“仓至仓条款”是（　　）。

A．承运人运输责任起讫条款

B．承保人保险责任起讫条款

C．出口人交货责任起讫条款

D．进口方收货责任起讫条款

二、多项选择题（下列每题给出的四个选项中，至少有两个选项是符合题目要求的，请将所选答案的字母填在题后的括号内。每题 2 分，共 10 分）

1．下列英国《协会货物条款》中可以单独投保的是（　　）。

A．ICC（A）　　B．协会货物罢工险条款

C．恶意损害险条款　　D．协会货物战争险条款

2．下列属于不可抗力的是（　　）。

A．水灾　　B．战争

C．机器出故障　　D．物价的涨跌

3．合同的书面形式可采用（　　）。

A．合同　　B．确认书　　C．订单　　D．协议

4．可适用于多种运输方式的贸易术语是（　　）。

A．FCA　　B．CPT　　C．CIP　　D．DAF

5．构成一项发盘应具备的条件有（　　）。

A．向一个或一个以上的特定人发出

B．表明发盘人承受约束的意旨

C．发盘的内容必须十分确定

D．发盘必须送达受盘人

三、判断题（正确的打“√”，错误的打“×”。每题 1 分，共 10 分）

1．在出口贸易中，表示商品品质的方法有很多。为了明确责任，最好采用既凭样品又凭规格买卖的方法。（　　）

2．在实际业务中，保险金额都高于合同的 CIF 价值，国际上习惯按 CIF 价值的 110 %投保。（　　）

3．从法律角度讲，还盘和接受是达成交易、签订合同必不可少的两个基本环节。（　　）

4．CIP 术语要求卖方负担出口清关费用。（　　）

5．按 FOB 贸易术语成交，买方是否投保，由其自便；按 CIF 贸易术语成交，卖方则必须投保。（　　）

6．按惯例，速遣费一般为滞期费的一半。（　　）

7．信用证的开立是以买卖合同作为依据的。但信用证一经开出，就成为独立于买卖合同以外的另一种契约，不受买卖合同的约束。（　　）

8．通过银行办理托收业务，银行未发现单据中存在错误，最后寄到国外，付款人提出单据有误，拒绝付款，银行对此负有责任。（　　）

9．如果买卖双方已经订有仲裁协议，一旦发生争议，任何一方不得再向法院起诉。（　　）

10．在实际业务中，审核信用证的工作一般由银行和进口方共同完成。（　　）

四、填空题（每空 1 分，共 15 分）

1．根据提单使用效力的不同，可分为（　　　　）和（　　　　）。

2．托收按照交单条件不同，分为（　　　　）和（　　　　）。

3．国际货物买卖中的代理按委托人授权的大小，可分为（　　　　）、（　　　　）和（　　　　）。

4．共同海损的牺牲和费用要由（　　　　）、（　　　　）和（　　　　）三方共同承担责任。

5．根据包装在流通过程中所起的作用不同，可以分为（　　　　）和（　　　　）两种类型。

6．进出口合同中的不可抗力条款主要有（　　　　）、（　　　　）和（　　　　）三种规定方法。

五、简答题（共 23 分）

1．凭说明表示货物品质的方法有哪些？（3 分）

2．信用证主要有哪些种类？（5 分）

3．提单主要有哪些种类？（9 分）

4．共同海损和单独海损有哪些区别？（6 分）

六、名词解释（每题 3 分，共 12 分）

1．商品品质

2．国际多式联运

3．托收

4．支票

七、计算题（共 7 分）

我国某出口企业的香港客户对某商品报价为 CIF C3%香港 300 美元，后来客户要求报 CIF C6%含佣价，我公司为了保持 CIF 净价不变，应报多少美元？

八、案例分析题（共 8 分）

某合同规定出售一级小麦 150 吨，按 FOB 条件成交，装船时货物要经过检验，并且要符合合同规定的品质条件，卖方在装船后及时向买方发出装运通知。但船舶在航行途中，由于遭遇触礁事件，小麦被入侵海水浸泡，品质受到严重影响。当货物达到目的港后，只能降价出售，买方因此要求卖方赔偿其差价损失。

请问：卖方对上述情况下产生的货物损失是否要承担赔偿责任？为什么？

参考答案

项目一　商品的品质、数量和包装

同步练习

任务一　确定商品的品质条款

一、单项选择题

1．C　2．A　3．B　4．A　5．D

二、多项选择题

1．AC　2．ACD　3．BC　4．AD　5．ABD

三、判断题

1．√　2．√　3．×　4．×　5．√

四、填空题

1．内在素质　外在形态

2．凭实物表示品质　凭说明表示品质

3．良好平均品质　大路货

4．初级产品　工业制成品

5．规定范围　规定极限　规定上下差异

五、简答题

1. 表示商品品质的方法有哪些？

- 商品品质
  - 凭实物表示品质
    - 看货买卖
    - 凭样品买卖
      - 凭卖方样品买卖
      - 凭买方样品买卖
      - 凭对等样品买卖
  - 凭说明表示品质
    - 凭规格买卖
    - 凭等级买卖
    - 凭标准买卖
    - 凭说明书和图样买卖
    - 凭商标和品牌买卖
    - 凭产地名称买卖

六、名词解释

1．在进出口业务中，卖方可根据买方提供的样品，加工复制出一个类似的样品交买方确认，这种确认后的样品，称为回样或对等样品。

2．品质机动幅度是指对某些初级产品，允许卖方所交货物的品质指标在一定的幅度内有所差异，只要卖方所交货物的品质没有超出机动幅度的范围，买方就无权拒收。

3．品质公差是指工业制成品在生产过程中所产生的误差。

任务二　订立恰当的商品数量条款

一、单项选择题

1．D　2．A　3．C　4．A　5．D

二、多项选择题

1．CD　2．BD　3．BCD　4．BCD　5．ABC

三、判断题

1．×　2．√　3．×　4．√　5．×

四、填空题

1．净重　2．以毛作净　3．国际单位制　公制　英制　美制　4．羊毛　生丝　棉花　5．合同价格

五、简答题

溢短装条款包括哪些内容?

(1)溢装或短装的百分比;(2)溢短装的选择权;(3)溢短装部分的作价。

六、名词解释

溢短装条款是指在买卖合同的数量条款中明确规定可以增减的百分比，但增减的幅度以不超过规定数量的百分比为限。

任务三　设计商品包装

一、单项选择题

1. A　2. D　3. B　4. A　5. A

二、多项选择题

1. AD　2. BCD　3. ABCD　4. ACD　5. ABCD

三、判断题

1. ×　2. ×　3. ×　4. ×　5. ×

四、填空题

1. 运输标志　指示性标志　警告性标志　2. UPC　EAN　3. 中性包装　4. 唛头　图形　字母　数字　文字　5. 散装　裸装　单件包装　集合包装

五、简答题

运输标志包括哪些主要内容?

(1)发货人的代号;(2)目的地的名称或代号;(3)件号、批号。

六、名词解释

1. 无牌中性包装是指包装上既无任何商标或品牌，也无生产国别、地名和厂商名称。
2. 定牌中性包装是指包装上仅有买方指定的商标或品牌，无生产国别、地名和厂商名称。
3. 定牌生产是指卖方按照买方要求在商品或包装上使用买方指定的商标或品牌的做法。

综合练习一

一、单项选择题

1. D　2. B　3. A　4. B　5. A　6. A　7. C　8. B　9. D　10. B

11. A 12. B 13. C 14. C 15. A 16. C 17. D 18. D 19. B 20. B

二、多项选择题

1. CD 2. ABD 3. AC 4. ABC 5. AB 6. ABC 7. ACD 8. BD 9. ABC 10. CD 11. BD 12. AC 13. ABC 14. ABC 15. AC

三、判断题

1. × 2. × 3. √ 4. × 5. × 6. √ 7. × 8. × 9. × 10. × 11. √ 12. × 13. × 14. × 15. ×

四、填空题

1. 凭实物表示品质 凭说明表示品质 2. 凭说明书或图样 3. 商标 4. 工业制成品 5. 国际单位制 公制 英制 美制 国际单位制 6. 运输包装 销售包装 7. 运输标志 指示性标志 警告性标志

五、简答题

1. 凭说明表示货物品质的方法有哪些？

（1）凭规格买卖；（2）凭等级买卖；（3）凭标准买卖；（4）凭说明书和图样买卖；（5）凭商标和品牌买卖；（6）凭产地名称买卖。

2. 国际贸易中，一般采用哪些方法规定数量机动幅度条款？

（1）规定范围；（2）规定极限；（3）规定上下差异。

3. 溢短装条款包括哪些内容？

（1）溢装或短装的百分比；（2）溢短装的选择权；（3）溢短装部分的作价。

4. 运输标志包括哪些主要内容？

（1）收、发货人的代号；（2）目的地的名称或代号；（3）件号、批号。

六、名词解释

1. 品质机动幅度是指对某些初级产品，允许卖方所交货物的品质指标在一定的幅度内有所差异，只要卖方所交货物的品质没有超出机动幅度的范围，买方就无权拒收。

2. 良好平均品质是指一定时期内某地出口货物的平均品质水平，一般是就中等货而言的。

3. 定牌中性包装是指包装上仅有买方指定的商标或品牌，无生产国别、地名和厂商名称。

七、计算题

解：（1）1 000 纸箱×（1–5%）=950 纸箱

1 000 纸箱×（1+5%）=1 050 纸箱

答：A 公司最多可装 1 050 纸箱，最少可装 950 纸箱。

（2）因为市场价格下跌，所以多装对卖方有利，即装 1 050 纸箱。

150 美元/纸箱×1 050 纸箱=157 500 美元

答：A 公司装运 1050 纸箱最有利，应收回货款 157 500 美元。

八、案例分析题

1．我方应该赔偿，因为该项交易为凭规格和凭样品买卖，卖方提交的货物既要符合约定规格，又要与样品相符。由于质量与样品存在差别，因此应该赔偿。

2．买方有拒付的权利。既然合同及信用证上均写的是提供三级品，出口商应履约执行，所提供货物如为二级品，即使按三级计价，也构成违约。因为这样无疑会影响甚至破坏进口商与其买家的契约关系，防碍大家对品质级别划分的识别和认定，破坏供应链条商家长期形成的贸易习惯，并发生重新整理的额外费用。

项目二　国际货物运输

同步练习

任务一　选择合适的运输方式

一、单项选择题

1．A　2．B　3．D　4．D　5．D

二、多项选择题

1．ABCD　2．ABCD　3．ABC　4．ABC　5．AC

三、判断题

1．×　2．√　3．√　4．×　5．×

四、填空题

1．班轮运输　租船运输　2．定程租船　定期租船　光船租船　3．基本运费　附加费　4．W M　W/M　A.V.　按议价计收　5．整箱货　拼箱货　6．国际铁路联运　国内铁路运输　7．大陆桥运输　小陆桥运输　微型陆桥运输

五、简答题

1．班轮运输有哪些特点？

（1）“四固定”，班轮运输有固定的船期表、固定的航线、固定的港口和相对固定的运费率；

（2）班轮运费中包括装卸费，配载装卸由船方负责，货方不再另付装卸费，船、货双方也不计算滞期费和速遣费；

（3）船、货双方的权利、义务与责任豁免，以船方签发的提单条款为依据。

2．国际多式联运应具备哪些条件？

（1）多式联运经营人与托运人之间要签订一份多式联运合同，以明确承、托双方的权利和义务。

（2）必须通过两种或两种以上运输方式的连贯运输。

（3）使用一份包括全程的多式联运单据（Multimodal Transport Documents, MTD），并由多式联运经营人对全程负责。

（4）必须是全程单一的运费费率。

（5）必须是国际间的货物运输。

3．定程租船和定期租船的主要区别有哪些？

类型 区别	定程租船	定期租船
对船舶的经营管理不同	租船人不负责船舶经营管理	租船人负责船舶经营管理
对船舶的调度权限不同	租船人无权调度船舶	租船人有权调度船舶（航线、港口和货物）
计算和支付运费的方法不同	按货物的数量计算	按船舶的夏季满载载重吨计算，按月或按半月预付
其他费用划分不同	租船人只付运费，至于隔垫费、装卸费等视租船合同内容而定	日常营运开支均由租船人负担

六、名词解释

1．班轮运输又称定期船运输，是指在固定的航线上和固定的港口之间，按照事先公布的船期表和运费率往返航行，从事客货运输业务的一种运输方式。

2．国际多式联运简称多式联运，是在集装箱运输的基础上产生和发展起来的，是指按照多式联运合同，以至少两种不同的运输方式，由多式联运经营人将货物从一国境内的接管地点运至另一国境内指定交付地点的货物运输。

3．定程租船又称程租船或航次租船，是指由船舶所有人负责提供船舶，在指定的港口之间进行一个航次或数个航次，承运指定货物的租船运输。

4．定期租船又称期租船，是指船舶所有人出租给承租人，供其使用一定时期的租船运输。

七、计算题

1．解：W＝40 千克 ＝0.04 运费吨

M＝30cm×60cm×50cm=0.09 运费吨

因为 M＞W，所以采用 M 计算。

班轮运费 ＝ 基本运费×总货运量×（1+附加费率）

=109×0.09×100（1+20%+20%+10%）

＝1 471.5（港元）

答：该批货物的运费是 1 471.5 港元。

2．解：W＝30 千克 ＝0.03 运费吨

M =45cm×35cm×25cm=0.039 4 运费吨

因为 M＞W，所以采用 M 计算。

班轮运费 ＝ 基本运费×总货运量×（1+附加费率）

=100×200×0.039 4×（1+20%+20%+10%）

=4 658（美元）

答：该批货物的运费是 4 658 美元。

任务二　区分各种运输单据

一、单项选择题

1．A　2．A　3．C　4．C　5．D

二、多项选择题

1．AB　2．ABC　3．BCD　4．ABD　5．BC

三、判断题

1．×　2．√　3．√　4．×　5．×

四、填空题

1．记名提单　不记名提单　指示提单　2．清洁提单　不清洁提单　3．班轮提单　租船提单　4．总运单　分运单　5．多式联运单据

五、简答题

1．提单有哪些性质和作用？

（1）货物收据。证明承运人或其代理人已按提单的记载收到托运人的货物；

（2）物权凭证。提单的持有人有支配货物的权利。因此，提单可以用来向银行议付贷款和向承运人提取货物，也可用来抵押或转让；

（3）运输契约的证明。由于运输契约是在装货前承运人和托运人双方订立的，而提单一般是在装货后签发的，故提单本身不是契约证明，而只是运输契约的证明。

2．提单的种类主要有哪些？

（1）根据货物是否已经装船，可分为已装船提单和备运提单。

（2）根据货物外表有无不良批注，可分为清洁提单和不清洁提单。

（3）根据运输方式的不同，可分为直达提单、转船提单和联运提单。

（4）根据抬头（收货人）的不同，可分为记名提单、不记名提单和指示提单。

（5）根据内容繁简的不同，可分为全式提单和简式提单。

（6）根据运费支付方式的不同，可分为运费预付提单和运费到付提单。

（7）根据船舶营运方式的不同，可分为班轮提单和租船提单。

（8）根据提单使用效力的不同，可分为正本提单和副本提单。

（9）根据签发人的不同，可分为船公司提单和货代提单。

3．联运提单与多式联运单据有什么区别？

（1）联运提单限于在由海运与其他运输方式所组成的联合运输时使用。多式联运单据使用范围较联运提单广，它既可用于海运与其他运输方式的联运，又可用于不包括海运的其他运输方式的联运，但仍必须是至少两种不同运输方式的联运。

（2）联运提单是由承运人或承运人的代理人签发的。多式联运单据则是由多式联运经营人或其授权人签发的。

（3）联运提单的签发人仅对第一程运输负责，而多式联运单据的签发人要对全程运输负责。

六、名词解释

1．提单是承运人或其代理人在收到货物后签发给托运人的一种证件，它体现了承运人与托运人之间的相互关系。

2．清洁提单是指货物在装船时表面状况良好，船方未加任何有关货物受损或包装不良等批注的提单。

3．指示提单是指收货人栏内填写“凭指定”或“凭某人指定”字样，此种提单经过背书才能转让。

任务三　正确拟订合同中的装运条款

一、单项选择题

1．C　2．B　3．B　4．D　5．A

二、多项选择题

1. ABCD　2. BCD　3. ABCD　4. ABC　5. ABC

三、判断题

1. √　2. √　3. √　4. √　5. √

四、填空题

1. 按日或连续日　累计 24 小时工作日　连续 24 小时晴天工作日

2. 明确规定具体的装运时间　规定在收到信用证后的若干天内装运　收到信汇、电汇或票汇后若干天内装运　3. 装运期（装运时间）　4. 滞期费　5. 分批装运

五、简答题

1. 装运港和目的港的规定方法有哪些？

（1）在一般情况下，规定一个装运港和一个目的港。

（2）如数量较大或来源分散，集中一点装运有困难，可规定两个或两个以上装运港和目的港。

（3）有时货源不十分固定，可不规定具体港口，可以采用选择港。

2. 规定装运期应注意哪些问题？

（1）考虑货源与船源的实际情况。

（2）装运期限应当适度。

（3）注意装运期与开证日期的衔接，避免使用笼统的规定方法。

六、名词解释

分批装运是指一笔成交的货物，分若干批次在不同航次、车次、班次装运。

七、案例分析题

我方的做法不合适，将导致银行拒付的结果。

根据 UCP600 的规定："分批装运是指一笔成交的货物，分若干批次在不同航次、车次、班次装运。而同一船只、同一航次中多次装运货物，即使提单装船日期不同、装货港口不同，也不作为分批装运。"本案中，来证规定不允许分批装运，而我方于 5 月 10 日将 3 000 箱货物装上"喜庆"轮，取得 5 月 10 日的海运提单，又于 5 月 15 日将 2 000 箱货物装上"飞雁"轮，取得 5 月 15 日的海运提单。尽管两轮的货物在新加坡转船，均由"顺风"轮运往旧金山港，但向银行提交的分别是由不同名货轮、在不同时间装运的两套单据，这将无法掩盖分批装运这一事实。所以，银行可以单证不符为由，拒付货款。

综合练习二

一、单项选择题

1. A　2. B　3. C　4. B　5. B　6. A　7. C　8. C　9. B　10. A

二、多项选择题

1. ABD　2. BD　3. ABCD　4. ABCD　5. ABC
6. ACD　7. ABD　8. BD　9. ABD　10. AC

三、判断题

1. √　2. √　3. ×　4. ×　5. ×
6. √　7. √　8. √　9. ×　10. √

四、填空题

1. 班轮运输　租船运输　2. 两倍　3. 班轮　4. 基本运费　附加费　5. 已装船提单　备运提单　6. 记名提单　指示提单　不记名提单　7. 班轮提单　租船提单　8. 按日或连续日　累计24小时工作日　连续24小时晴天工作日　9. 国际铁路联运　通往港澳的国内铁路运输　10. 空白背书　记名背书

五、简答题

1. 班轮运输有哪些特点？

(1)"四固定"，班轮运输有固定的船期表、固定的航线、固定的港口和相对固定的运费率；(2)班轮运费中包括装卸费，配载装卸由船方负责，货方不再另付装卸费，船、货双方也不计算滞期费和速遣费；(3)船、货双方权利、义务与责任豁免，以船方签发的提单条款为依据。

2. 买卖合同中的装运条款包括哪些内容？装运时间如何规定？

装运条款主要包括装运时间、地点、目的港、是否允许分批与转船、装运通知及滞期、速遣条款等项内容。

装运时间的规定方法有：(1)明确规定具体装运时间；(2)规定在收到信用证后若干天内装运；(3)收到信汇、电汇或票汇后若干天内装运。

3. 海运提单有什么性质和作用？

(1)货物收据。证明承运人或其代理人已按提单的记载收到托运人的货物；(2)物权凭证。提单的持有人有支配货物的权利。因此，提单可以用来向银行议付贷款和向承运人提取货物，也可用来抵押或转让；(3)运输契约的证明。由于运输契约是在装货前承运人和托运人双方订立的，而提单一般是在装货后签发的，故提单本身不是契约证明，而只是运输契约的证明。

4．国际多式联运应具备哪些条件？

（1）多式联运经营人与托运人之间要签订一份多式联运合同，以明确承、托双方的权利、义务。

（2）必须通过两种或两种以上运输方式的连贯运输。

（3）使用一份包括全程的多式联运单据，并由多式联运经营人对全程负责。

（4）必须是全程单一的运费费率。

（5）必须是国际间的货物运输。

六、名词解释

1．分批装运是指一笔成交的货物，分若干批次在不同航次、车次、班次装运。

2．清洁提单是指货物在装船时表面状况良好，船方未加任何有关货物受损或包装不良等批注的提单。

3．国际多式联运简称多式联运，是在集装箱运输的基础上产生和发展起来的，是指按照多式联运合同，以至少两种不同的运输方式，由多式联运经营人将货物从一国境内的接管地点运至另一国境内指定交付地点的货物运输。

4．班轮运输又称定期船运输，是指在固定的航线上和固定的港口之间，按照事先公布的船期表和运费率往返航行，从事客货运输业务的一种运输方式。

七、计算题

1．解：W = 0.5×100 千克 = 0.05 运费吨

M =45cm×35cm×25cm=0.039 4 运费吨

因为 W＞M，所以采用 W 计算。

班轮运费 = 基本运费×总货运量×（1+附加费率）

=367×0.05×100×(1+33%+5%+15%)

=2 807.55（港元）

答：该批货物的运费为 2 807.55 港元。

2．解：班轮运费 = 基本运费×总货运量×（1+附加费率）

= 280×0.2×0.5×1.2×100×(1+30%+10%)

=4 704（港元）

答：该批货物的运费为 4 704 港元。

八、案例分析题

银行的拒付是无理的。

信用证中的装运条款规定："Shipment from Chinese Port to Singapore in May, Partial Shipment Prohibited."，即规定不允许分批装运。而我方的 500 吨货物分别在福州和厦门装运，且同为"嘉陵"号。因此，本案的主要问题是确定要运往同一目的地的货物在不同的时间和地点分别装上同一航次、同一艘载货船只，是否属于分批装运的问题。根据 UCP600 的规定："运输单据表面注明货物系使用同一运输工具并经同一路线运输的，即使每套运输单据注明的装运日期不同及/或装货港、接受监管地、发运地不同，只要运输单据注明的目的地相同，也不视为分批装运。"由此可见，本案中我方的做法不属于分批装运。所以，银行拒付是无理的。

项目三　国际货物运输保险

同步练习

任务一　区分海运货物保险的风险与损失

一、单项选择题

1. A　2. B　3. B　4. D　5. A

二、多项选择题

1. ABCD　2. ABD　3. ABD　4. ABC　5. ABCD

三、判断题

1. ×　2. ×　3. √　4. ×　5. √

四、填空题

1. 海上风险　外来风险　2. 全部损失　部分损失　3. 共同海损　单独海损　4. 施救费用　救助费用　5. 船　货　运费

五、简答题

1. 构成共同海损必须具备哪些条件？

（1）危险的客观性。即危及船、货共同安全的危险必须是实际存在的。

（2）行为的有意性，损失的合理性。即所采取的行为或措施必须是有意识的，由此产生的损失必须是合理的，是为了船、货的共同安全。

（3）牺牲的特殊性，费用的额外性。即所作出的牺牲具有特殊性，支出的费用是额外的，都是在非常情形下产生的。

（4）结果的有效性。即构成共同海损的牺牲和费用支出必须是有效的。

2．共同海损和单独海损有什么区别？

区别　　　类型	共同海损	单独海损
造成损失的原因不同	是为了解除船、货面临的共同危险而人为造成的	海上风险直接造成的
损失的承担者不同	由获救各方按照收益大小的比例共同分摊	由受损方单独承担
损失的构成不同	既包括货物的损失，又包括采取共同海损行为而产生的费用损失	仅指货物本身的损失

六、名词解释

1．自然灾害是指由于人力不可抗拒的自然界力量造成的灾害，具体包括恶劣气候、雷电、地震、海啸、洪水或火山爆发等。

2．意外事故是指由于偶然的、非意料的原因所造成的事故。具体包括运输工具搁浅、触礁、沉没、船舶与流冰或其他物体碰撞及失踪、失火、爆炸等。

3．全部损失是指对保险人而言，整批货物的用途和价值已全部丧失。

4．部分损失是指被保险货物没有达到全部损失的程度。

5．共同海损是指载货船舶在海运途中遇到危难，船长为了维护船舶和所有货物的共同安全或使航程得以继续完成，而采取的有意并且合理的行为所产生的某些特殊牺牲或支出的特殊费用。

6．单独海损是指除共同海损以外的，由海上风险直接导致的船舶或货物的部分损失。

七、案例分析题

（1）（3）属于单独海损，（2）（4）（5）属于共同海损。

因为（1）（3）的海损是由火灾直接造成的，而（2）（4）（5）的损失和费用是为了维护船、货的共同安全而有意造成的。

任务二　选择合适的海运货物保险条款

一、单项选择题

1．C　2．D　3．C　4．B　5．B

二、多项选择题

1．BCD　2．BD　3．ABD　4．ABC　5．BC

三、判断题

1．√　2．×　3．√　4．√　5．×

四、填空题

1．基本险　附加险　　2．平安险　水渍险　一切险　　3．仓至仓条款　　4．一般附加险　特殊附加险　　5．协会货物（A）险条款　协会货物（B）险条款　协会货物（C）险条款

五、简答题

1．中国海洋货物运输保险的基本险有几种？其责任范围如何？

有平安险、水渍险和一切险三种。

（1）平安险的责任范围如下：① 被保险货物在运输途中由于恶劣气候、雷电、海啸、地震、洪水等自然灾害造成的全部损失。② 由于运输工具遭受搁浅、触礁、沉没、互撞、与流冰或其他物体碰撞以及失火、爆炸等意外事故而造成的全部损失和部分损失。③ 在运输工具已经发生搁浅、触礁、沉没、焚毁等意外事故之前或之后又在海上遭受恶劣气候、雷电、海啸等自然灾害所造成的部分损失。④ 在装卸或转船过程中一件或数件货物落海造成的全部或部分损失。⑤ 发生承保责任范围内的危险，被保险人对货物采取抢救、防止或减少货物损失的措施而支付的合理费用，但以不超过该货物的保险金额为限。⑥ 运输工具遭遇海难后，在避难港由于卸货所引起的损失及在中途港、避难港由于卸货、存仓及运送货物所产生的特殊费用。⑦ 共同海损的牺牲、分摊和救助费用。

运输契约订有《船舶互撞责任条款》，根据该条款规定应由货方偿还船方的损失。

（2）水渍险的责任范围包括：① 平安险所承保的全部责任。② 被保险货物在运输途中，由于恶劣气候、雷电、海啸、地震、洪水等自然灾害所造成的部分损失。

（3）一切险的责任范围包括：① 平安险和水渍险的所有责任。② 被保险货物在运输过程中由于一般外来原因所造成的全部损失或部分损失。

2．中国海洋货物运输保险的附加险是如何分类的？各包括哪些种类？

根据其承保的损失的性质不同，可分为一般附加险和特殊附加险。

一般附加险共有 11 种：偷窃、提货不着险，淡水雨淋险，渗漏险，短量险，混杂、玷污险，碰损、破碎险，钩损险，锈损险，串味险，包装破裂险，受潮受热险。

特殊附加险共有 8 种：战争险、罢工险、进口关税险、舱面险、黄曲霉素险、拒收险、交货不到险、出口货物到香港（包括九龙在内）或澳门存仓火险责任扩展条款。

3．英国伦敦保险协会制定的《协会货物条款》有哪些险别？

共设六种险别：（1）协会货物（A）险条款，即 ICC（A）；（2）协会货物（B）险条款，即 ICC（B）；（3）协会货物（C）险条款，即 ICC（C）；（4）协会货物战争险条款；（5）协会货物罢工险条款；（6）恶意损害险条款。

六、名词解释

仓至仓条款是指保险人的承保责任从被保险货物运离保险单所载明的起运地发货人仓库开始，直至该项货物被运抵保险单所载明的目的地收货人仓库为止。

任务三　选择合适的其他运输保险条款

一、单项选择题

1. A　2. C　3. B　4. C　5. B

二、多项选择题

1. AC　2. CD　3. ABD　4. ABCD　5. ABC

三、判断题

1. √　2. √　3. ×　4. √　5. ×

任务四　办理进出口货物运输保险

一、单项选择题

1. C　2. D　3. B　4. A　5. D

二、多项选择题

1. BD　2. ABCD　3. ABCD　4. ABCD

三、判断题

1. √　2. √　3. ×　4. √　5. √

四、填空题

1. 确定保险金额　支付保险费　领取保险单据　办理投保手续　保险索赔　2. CIF（CIP）　3. 保险单　保险凭证　预约保险单　4. CIF（CIP）　保险费率　5. 预约保险的做法

五、简答题

1. 在订立保险条款时应注意哪些问题？

（1）应明确按什么保险条款进行投保，是按《中国保险条款》还是按英国伦敦保险协会制定的《协会货物条款》。

（2）应明确投保险别，是平安险还是水渍险或一切险。如需另加某一种或某几种附加险也应一并写明。并注意基本险与附加险的关系。如已选择了一切险，则不需要再加保一般附加险。

（3）应明确由何方负责投保。如采用 FOB 或 CFR 术语，应明确由买方负责投保；如采用 CIF 术语，应明确由卖方投保。

（4）应明确投保加成率，如超过一成，由此产生的超额保险费用由买方负担。

2．出口货物有哪些投保手续？

（1）投保人填写投保单；（2）保险公司审核投保单；（3）保险公司同意承保，收取保费；（4）投保人缮制保险单。

六、名词解释

1．保险单俗称大保单，是保险公司与投保人订立的一种正规的保险合同。

2．保险凭证俗称小保单，是一种简化的保险合同。

3．预约保险单是指保险公司与被保险人双方签订的预约保险合同，它规定了总的保险范围、保险期限、保险种类、总保险限额、航程区域、运输工具、保险条件、保险费率和保险结算办法等。

七、计算题

1．解：保险金额 = CIF 或 CIP 价 ×（1+投保加成率）

= 10 美元/件×10 000 件×（1+10%）

= 110 000 美元

保险费 = 保险金额×保险费率

= 110 000 美元×0.3%

= 330 美元

答：这批衣服的保险金额是 110 000 美元，应向保险公司支付 330 美元的保险费。

综合练习三

一、单项选择题

1．B　2．B　3．C　4．C　5．B　6．A　7．C　8．B　9．B　10．A

二、多项选择题

1. ABCD　2. ACD　3. BD　4. CD　5. AD　6. AB　7. ABCD　8. ABC　9. ABCD　10．ABCD

三、判断题

1．√　2．√　3．×　4．√　5．√　6．×　7．×　8．√　9．√　10．×

四、填空题

1. 全部损失　部分损失　2. 共同海损　单独海损　3. 船　货　运费　4. 平安险　水渍险　一切险　5. 仓至仓条款　6. CIF 或 CIP　7. 保险单　保险凭证　预约保险单　8. CIF 或 CIP　保险费率　9. 部分　10. 一切险

五、简答题

1. 共同海损必须具备哪些条件？

（1）危险的客观性。即危及船、货共同安全的危险必须是实际存在的。

（2）行为的有意性，损失的合理性。即所采取的行为或措施必须是有意识的，由此产生的损失必须是合理的，是为了船、货的共同安全。

（3）牺牲的特殊性，费用的额外性。即所作出的牺牲具有特殊性，支出的费用是额外的，都是在非常情形下产生的。

（4）结果的有效性。即构成共同海损的牺牲和费用支出，最终还必须是有效的。

2. 共同海损和单独海损有什么区别？

区别　类型	共同海损	单独海损
造成损失的原因不同	是为了解除船、货面临的共同危险而人为造成的	是由海上风险直接造成的
损失的承担者不同	由获救各方按照收益大小的比例共同分摊	由受损方单独承担
损失的构成不同	既包括货物的损失，又包括采取共同海损行为而产生的费用损失	仅指货物本身的损失

3. 我国《海洋运输货物保险条款》的基本险有几种？其责任范围如何？

有平安险、水渍险和一切险三种。

（1）平安险的责任范围如下：

① 被保险货物在运输途中由于恶劣气候、雷电、海啸、地震、洪水等自然灾害所造成的全部损失。

② 由于运输工具遭受搁浅、触礁、沉没、互撞、与流冰或其他物体碰撞，以及失火、爆炸等意外事故而造成的全部损失或部分损失。

③ 在运输工具已经发生搁浅、触礁、沉没、焚毁等意外事故之前或之后又在海上遭受恶劣气候、雷电、海啸等自然灾害所造成的部分损失。

④ 在装卸或转船过程中一件或数件货物落海所造成的全部或部分损失。

⑤ 发生承保责任范围内的危险，被保险人对货物采取抢救、防止或减少货物损失的措施而支付的合理费用，但以不超过该货物的保险金额为限。

⑥ 运输工具遭遇海难后，在避难港由于卸货所引起的损失及在中途港、避难港由于卸货、存仓及运送货物所产生的特殊费用。

⑦ 共同海损的牺牲、分摊和救助费用。

运输契约订有《船舶互撞责任条款》，根据该条款规定，应由货方偿还船方的损失。

（2）水渍险的责任范围包括：

① 平安险所承保的全部责任。

② 被保险货物在运输途中，由于恶劣气候、雷电、海啸、地震、洪水等自然灾害所造成的部分损失。

（3）一切险的责任范围包括：

① 平安险和水渍险的所有责任。

② 被保险货物在运输过程中由于一般外来原因所造成的全部损失或部分损失。

4．我国《海洋运输货物保险条款》的附加险是如何分类的？各包括哪些种类？

根据其承保的损失的性质不同，分为一般附加险和特殊附加险。

（1）一般附加险共有 11 种：偷窃、提货不着险，淡水雨淋险，渗漏险，短量险，混杂、玷污险，碰损、破碎险，钩损险，锈损险，串味险，包装破裂险，受潮受热险。

（2）特殊附加险共有 8 种：战争险、罢工险、进口关税险、舱面险、黄曲霉素险、拒收险、交货不到险、出口货物到香港（包括九龙在内）或澳门存仓火险责任扩展条款。

六、名词解释

1．共同海损是指载货船舶在海运途中遇到危难，船长为了维护船舶和所有货物的共同安全或使航程得以继续完成，而采取的有意且合理的行为所产生的某些特殊牺牲或支出的特殊费用。

2．单独海损是指除共同海损以外的，由海上风险直接导致的船舶或货物的部分损失。

3．仓至仓条款是指保险人的承保责任从被保险货物运离保险单所载明的起运地发货人仓库开始，直至该项货物被运抵保险单所载明的目的地收货人仓库为止。

4．保险单俗称大保单，是保险公司与投保人订立的一种正规的保险合同。

七、计算题

1．解：保险费 = 保险金额×保险费率

= 10 000 美元×（0.6%＋0.4%）

= 100 美元

答：该笔业务保险费应是 100 美元。

2. 解：保险金额 = CIF 或 CIP 价×（1+投保加成率）

= 60 美元/箱×2 000 箱×（1+10%）

= 132 000 美元

保险费 = 保险金额×保险费率

= 132 000 美元×（0.7%＋0.3%＋0.4%）

= 1 848 美元

答：这批货物的投保金额是 132 000 美元，应向保险公司支付 1 848 美元的保险费。

八、案例分析题

1.（1）船长宣布均为共同海损是不合理的。

（2）被烧毁的货物损失 5 000 美元是由火灾直接造成的，属于单独海损，应由货主自己承担。

（3）被水浸坏的货物损失 6 000 美元是为了维护船、货的共同安全而有意造成的，属于共同海损，应由船、货、运费三方共同承担。

2. 该批货物的所有损失保险公司均应赔偿。该船在航行时，因海上大雾与另一艘船相撞，致使该批货物遭到价值为 3 000 美元的部分损失，该损失属于意外事故而造成的部分损失，属于平安险的承保范围；该船于 2010 年 7 月 10 日在海上遇到台风，致使一部分货物受到水渍，损失价值为 2 000 美元，这部分损失是发生在相撞这一意外事故之前，在海上遭受恶劣气候所造成的部分损失，也属于平安险的承保范围。

项目四　国际贸易术语与价格条款

同步练习

任务一　认知国际贸易术语

一、单项选择题

1. A　2. C　3. A　4. A　5. C

二、多项选择题

1. AC　2. ABD　3. ABC　4. ABD　5. ABD

三、判断题

1. √　2. √　3. ×　4. ×　5. √

四、填空题

1.《1932年华沙—牛津规则》 《1941年美国对外贸易定义修订本》 《2000年国际贸易术语解释通则》（INCOTERMS 2000） 2. E F C D 3. E 装运合同 到货合同 4. CFR CIF CPI CIP 风险 费用 5. FCA FAS FOB 6. 货交承运人 货运港船边交货 运费付至 FOB EXW CFR 成本加保险费、运费 完税后交货 运费、保险费付至 7. FAS FOB CFR CIF DES DEQ

五、简答题

1. 在国际上影响较大的国际贸易术语惯例有哪些？

有《1932年华沙—牛津规则》、《1941年美国对外贸易定义修订本》和《2000年国际贸易术语解释通则》（INCOTERMS 2000）。

2. C组术语的主要特点是什么？

主要特点是风险划分点和费用划分点是相分离的，即费用点在目的港（地），而风险点在装运港（地）。

六、名词解释

贸易术语又称价格术语（Terms of Price）或价格条件。它是用一个简单的概念或英文缩写字母来表示商品的价格构成及买卖双方在货物交接过程中，有关风险、责任和费用的划分。

任务二 选择合适的贸易术语

一、单项选择题

1. A 2. C 3. A 4. D 5. C 6. C 7. B 8. C 9. A 10. C

二、多项选择题

1. BC 2. CD 3. AB 4. CD 5. ACD 6. ACD 7. BCD 8. ACD 9. ABD 10. ACD

三、判断题

1. × 2. √ 3. × 4. √ 5. × 6. √ 7. × 8. √ 9. × 10. √

四、填空题

1. 装运 目的 2. 空舱费 滞期费 3. 装船费用 风险 4. 装船通知 卖方 5. CIF 6. 买方 卖方 7. 货交承运人 8. DDP EXW 9. 货交承运人 10. 目的港船上交货（……指定目的港）

五、简答题

1．FOB 术语买卖双方的义务是什么？

卖　方（seller）	买　方（buyer）
1．在合同规定的期限内，在指定装运港，将符合合同规定的货物交至买方指定的船上，并及时通知买方	1．租船订舱，支付运费，将船名、装船地点和要求交货的时间及时通知卖方
2．承担货物在装运港越过船舷以前的一切费用和风险	2．承担货物在装运港越过船舷以后的一切费用和风险
3．取得出口许可证和（或）其他有关单证，办理出口清关手续	3．取得进口许可证和（或）其他有关证件，办理进口清关手续
4．提供商业发票和证明货物已交至船上的通常运输单据或具有同等效力的电子信息	4．接受与合同相符的单据，受领与合同相符的货物并支付货款

2．CFR 术语买卖双方的义务是什么？

卖　方（seller）	买　方（buyer）
1．在合同规定的期限内，在指定装运港，将符合合同规定的货物交至买方指定的船上，并及时通知买方	1．租船订舱，支付运费，将船名、装船地点和要求交货的时间及时通知卖方
2．承担货物在装运港越过船舷以前的一切费用和风险	2．承担货物在装运港越过船舷以后的一切费用和风险
3．取得出口许可证和（或）其他有关单证，办理出口清关手续	3．取得进口许可证和（或）其他有关证件，办理进口清关手续
4．提供商业发票和证明货物已交至船上的通常运输单据或具有同等效力的电子信息	4．接受与合同相符的单据，受领与合同相符的货物并支付货款

3．CIF 术语买卖双方的义务是什么？

卖　方（seller）	买　方（buyer）
1．在合同规定的期限内，在指定装运港，将符合合同规定的货物交至买方指定的船上，并及时通知买方	1．租船订舱，支付运费，将船名、装船地点和要求交货的时间及时通知卖方
2．承担货物在装运港越过船舷以前的一切费用和风险	2．承担货物在装运港越过船舷以后的一切费用和风险
3．取得出口许可证和（或）其他有关单证，办理出口清关手续	3．取得进口许可证和（或）其他有关证件，办理进口清关手续
4．提供商业发票和证明货物已交至船上的通常运输单据或具有同等效力的电子信息	4．接受与合同相符的单据，受领与合同相符的货物并支付货款

4．试比较 FOB、CFR、CIF 三种贸易术语的异同。

FOB、CFR、CIF 三种贸易术语的不同点：

贸易术语	卖方的义务	卖方应承担的费用	价格构成
FOB	装运港交货	不承担出口运费、保险费	成本价
CFR	装运港交货，办理出口运输	承担出口运费	成本加运费
CIF	装运港交货，办理出口运输及出口保险	承担出口运费及保险费	成本、运费加保险费

FOB、CFR、CIF 三种贸易术语的相同点：

运输方式	交货地点	风险划分
只适用于水上运输	装运港船上	装运港船舷

六、名词解释

1．FOB（Free on Board…named port of shipment），即装运港船上交货（.……指定装运港），指卖方必须在合同规定的装运期限内在指定装运港将货物交付至买方指定的船上，并负担货物越过船舷以前的一切费用和货物灭失或损坏的风险。

2．CFR（Cost and Freight…named port of destination），即成本加运费（……指定目的港），指卖方负责租船订舱、支付运费，在合同规定的装运期限内，在装运港将货物交付至运往指定目的港的船上，负担货物越过船舷以前的一切费用和货物灭失或损坏的风险。

3．CIF（Cost Insurance and Freight…named port of destination），即成本加保险费、运费（……指定目的港），指卖方负责租船订舱，支付从装运港至目的港的运费，办理货运保险，支付保险费，在合同规定的装运期内在装运港将货物交付至运往指定目的港的船上，负担货物越过船舷以前的一切费用和货物的灭失或损坏的风险。

4．象征性交货是指卖方只要按期在约定地点完成装运，并向买方提交合同规定的包括物权凭证在内的有关单证，就算完成了交货义务，而无须保证到货。

任务三　拟订价格条款

一、单项选择题

1．B　2．A　3．C　4．A　5．C

二、多项选择题

1．ABCD　2．ABC　3．ABD　4．ABCD　5．ABD

三、判断题

1．×　2．×　3．√　4．×　5．×

四、填空题

1．计量单位　单位价格金额　计价货币　贸易术语　2．成交价格（发票价格）
3．净价　含佣价　4．佣金=含佣价×佣金率　净价=含佣价−佣金　含佣价=净价/(1−佣金率)
5．单价　总值

五、简答题

1．佣金的表示方法有几种？

（1）用文字来说明佣金；

（2）在贸易术语之后加注佣金的缩写英文字母“C”和佣金的百分比，以此来表示佣金；

（3）用每单位商品佣金绝对数来表示佣金。

2．拟订价格条款时应注意哪些问题？

（1）合理确定商品的单价，防止作价偏高或偏低。

（2）根据经济意图和实际情况，在权衡利弊的基础上选用恰当的贸易术语。

（3）争取选择有利的计价货币，以免受到币值变动带来的风险。如采用不利的计价货币时，应当加订保值条款。

（4）灵活运用各种不同的作价办法，以避免价格变动带来的风险。

（5）参照国际贸易的习惯做法，注意佣金和折扣的合理运用。

（6）如交货品质和数量约定有一定的机动幅度，则对机动部分的作价也应一并规定。

（7）如包装材料和包装费另行计价，对其计价办法也应一并规定。

（8）单价中涉及的计量单位、计价货币、装卸地名称，必须书写正确、清楚，以利于合同的履行。

六、名词解释

1．佣金是指卖方或买方付给中间商的报酬。

2．折扣是指卖方给予某特定买方的价格折让（或称价格优惠），即卖方在原价基础上给买方一定的减让。

3．净价是指不包含佣金和折扣的价格。

4．含佣价是指含有佣金的价格。

七、计算题

1．解：CIF 价 = CFR 价/[1–保险费率×（1+投保加成率）]

= 2 000 美元/[1–1%×（1+10%）]

= 2 022 美元

答：我方应报价 2 022 美元。

2．解：佣金=含佣价×佣金率 = 400 美元×3% = 12 美元

净价= 含佣价–佣金 = 400 美元–12 美元=388 美元

或净价 = 含佣价×（1–佣金率）=400 美元×（1–3%）=388 美元

答：CFR 净价是 388 美元，佣金是 12 美元。

综合练习四

一、单项选择题

1. A　2. A　3. C　4. C　5. A　6. D　7. C　8. C　9. B　10. C

二、多项选择题

1. BC　2. ABD　3. AB　4. AB　5. ABD　6. BD　7. BCD　8. ACD　9. ACD　10. ABD

三、判断题

1. √　2. ×　3. ×　4. √　5. ×　6. ×　7. √　8. ×　9. √　10. √

四、填空题

1. 《1932年华沙—牛津规则》　《1941年美国对外贸易定义修订本》　《2000年国际贸易术语解释通则》（INCOTERMS 2000）　2. 风险　费用　3. EXW　FCA　CPT　CIP　DAF　DDU　DDP　4. FCA　FAS　FOB　CFR　CIF　CPT　CIF　5. 装运港船上交货（……指定装运港）　6. 装船费用　卸货费用　7. CIF　8. EXW　DDP　9. 买方　10. 计量单位　单位价格金额　计价货币　贸易术语

五、简答题

1. FOB术语买卖双方的义务是什么?

卖　方（seller）	买　方（buyer）
1. 在合同规定的期限内，在指定装运港，将符合合同规定的货物交至买方指定的船上，并及时通知买方	1. 租船订舱，支付运费，将船名、装船地点和要求交货的时间及时通知卖方
2. 承担货物在装运港越过船舷以前的一切费用和风险	2. 承担货物在装运港越过船舷以后的一切费用和风险
3. 取得出口许可证和（或）其他有关单证，办理出口清关手续	3. 取得进口许可证和（或）其他有关证件，办理进口清关手续
4. 提供商业发票和证明货物已交至船上的通常运输单据或具有同等效力的电子信息	4. 接受与合同相符的单据，受领与合同相符的货物并支付货款

2. CIF术语买卖双方的义务是什么?

卖　方（seller）	买　方（buyer）
1. 在合同规定的期限内，在指定装运港，将符合合同规定的货物交至买方指定的船上，并及时通知买方	1. 租船订舱，支付运费，将船名、装船地点和要求交货的时间及时通知卖方
2. 承担货物在装运港越过船舷以前的一切费用和风险	2. 承担货物在装运港越过船舷以后的一切费用和风险
3. 取得出口许可证和（或）其他有关单证，办理出口清关手续	3. 取得进口许可证和（或）其他有关证件，办理进口清关手续
4. 提供商业发票和证明货物已交至船上的通常运输单据或具有同等效力的电子信息	4. 接受与合同相符的单据，受领与合同相符的货物并支付货款

3．试比较 FOB、CFR、CIF 三种贸易术语的异同。

FOB、CFR、CIF 三种贸易术语的不同点：

贸易术语	卖方的义务	卖方应承担的费用	价格构成
FOB	装运港交货	不承担出口运费、保险费	成本价
CFR	装运港交货，办理出口运输	承担出口运费	成本加运费
CIF	装运港交货，办理出口运输及出口保险	承担出口运费及保险费	成本、运费加保险费

FOB、CFR、CIF 三种贸易术语的相同点：

运输方式	交货地点	风险划分
只适用于水上运输	装运港船上	装运港船舷

六、名词解释

1．FOB（Free on Board…named port of shipment），即装运港船上交货（……指定装运港），指卖方必须在合同规定的装运期限内在指定装运港将货物交付至买方指定的船上，并负担货物越过船舷以前的一切费用和货物灭失或损坏的风险。

2．CFR（Cost and Freight…named port of destination），即成本加运费 （……指定目的港），指卖方负责租船订舱，支付运费，在合同规定的装运期限内，在装运港将货物交付至运往指定目的港的船上，负担货物越过船舷以前的一切费用和货物灭失或损坏的风险。

3．CIF（Cost Insurance and Freight…named port of destination），即成本加保险费、运费（……指定目的港），指卖方负责租船订舱，支付从装运港至目的港的运费，办理货运保险，支付保险费，在合同规定的装运期内在装运港将货物交付至运往指定目的港的船上，负担货物越过船舷以前的一起费用和货物的灭失或损坏的风险。

4．象征性交货是指卖方只要按期在约定地点完成装运，并向买方提交合同规定的包括物权凭证在内的有关单证，就算完成了交货义务，而无须保证到货。

5．佣金是指卖方或买方付给中间商的报酬。

6．折扣是指卖方给予某特定买方的价格折让（或称价格优惠），即卖方在原价基础上给予买方一定的减让。

七、计算题

1．解：CIF 价=（FOB 价+国外运费）/[1−保险费率×（1+投保加成率）]

=（2 000 美元+ 150 美元）/[1−10%×（1+10%）]

=2 415.73 美元

答：我方应报价 2415.73 美元。

2．解：净价 = 含佣价×（1–佣金率）=600 美元×（1–3%）=582 美元

含佣价= 净价/（1–佣金率）=582 美元/（1–5%）=612.63 美元

答：我方应报价 612.63 美元。

3．解：含佣价 = 净价/（1–佣金率）=2 000 美元/（1–5%）=2 105.26 美元

答：我方应报价 2105.26 美元。

项目五　国际货款支付方式

同步练习

任务一　认知国际货款支付工具

一、单项选择题

1．A　2．C　3．B　4．C　5．D　6．B　7．C　8．A

二、多项选择题

1．ABC　2．AB　3．ABCD　4．ABD　5．AB

三、判断题

1．×　2．×　3．×　4．×　5．√

四、填空题

1．汇票　本票　支票　2．光票　跟单汇票　3．出票人　受款人　4．商业本票　银行本票　5．商业承兑汇票　银行承兑汇票

五、简答题

1．汇票的主要种类有哪些？

（1）按照出票人的不同，汇票可分为银行汇票和商业汇票。

（2）按照是否附有货运单据，汇票可分为光票和跟单汇票。

（3）按照付款时间的不同，汇票可分为即期汇票和远期汇票。

（4）按照承兑人的不同，汇票可分为商业承兑汇票和银行承兑汇票。

2．支票是汇票的特例，其特殊性表现在哪些方面？

（1）基本当事人的特定化：出票人特指银行的存款人，付款人特指出票人的开户银行。

（2）付款期限特定为即期。

3．汇票、本票和支票有哪些不同之处？

区　别	汇　票	本　票	支　票
基本当事人	出票人、付款人和收款人	出票人和收款人	出票人、付款人和收款人
证券的性质	委托他人付款	付款人就是出票人自己	委托他人付款
到期日	见票即付或者见票定期支付	见票即付或者见票定期支付	见票即付
出票人和付款人的关系	出票人对付款人没有法律上的约束。在承兑前由出票人负责；但一经承兑，则由承兑人负到期付款的主要责任	由出票人负到期付款的责任	只有当出票人在付款人处有足额存款的条件下，才负有付款的责任

六、名词解释

1．汇票是由一人（出口方）签发给另一人（进口方）的无条件书面命令，要求受票人（进口方）见票时或于未来某一规定的或可以确定的时间，将一定金额的款项支付给某一特定的人（出口方所在地银行）或其指定的人或持票人。

2．本票是出票人签发的，承诺自己在见票时无条件支付一定金额给收款人或持票人的票据。

3．支票是出票人签发的，委托办理支票存款业务的银行或其他金融机构在见票时无条件支付确定的金额给收款人或持票人的票据。

任务二　选择合适的国际货款支付方式

一、单项选择题

1．C　2．B　3．B　4．A　5．B　6．C　7．B　8．C　9．B　10．C

二、多项选择题

1．BCD　2．ABC　3．ACD　4．AD　5．AD

三、判断题

1．×　2．×　3．√　4．×　5．×　6．√　7．√　8．√

四、填空题

1．汇付　托收　信用证　2．电汇　票汇　信汇　3．可转让信用证　不可转让信用证　4．易货贸易　来料加工　补偿贸易　5．即期付款交单　远期付款交单

五、简答题

1．信用证有哪些特点？

（1）信用证是一种银行信用。

（2）信用证是一项自足的文件。

（3）信用证是一种纯粹的单据业务。

2．信用证有哪些种类？

（1）根据是否有货运单据，分为跟单信用证和光票信用证。

（2）根据信用证的性质不同，分为可撤销信用证和不可撤销信用证。

（3）根据信用证有无其他银行保兑，分为保兑信用证和不保兑信用证。

（4）根据付款时间的不同，分为即期信用证和远期信用证。

（5）根据受益人对信用证的权利可否转让，分为可转让信用证和不可转让信用证。

3．信用证有哪些当事人？

开证申请人、付款行、开证行、通知行、议付行、受益人。

六、名词解释

1．汇付又称汇款，指付款人主动通过银行或其他途径将款项汇交收款人。国际贸易货款如采用汇付，一般是由买方按合同约定的条件（如收到单据或货物）和时间，将货款通过银行，汇交给卖方。

2．托收是指债权人（出口人）出具汇票，委托银行向债务人（进口人）收取货款的一种支付方式。国际贸易结算中所使用的托收方式一般都通过银行办理，所以又叫银行托收。

3．信用证（L/C）是开证银行根据开证申请人的请求和指示，向受益人开立的在一定金额和一定期限内凭规定的单据承诺付款的凭证。简言之，信用证就是银行开立的一种有条件的承诺付款的书面文件。

4．不可撤销信用证是指信用证一经开出，在其有效期内，若未经受益人及有关当事人的同意，开证行不得片面修改或撤销的信用证，只要受益人提供的单据符合信用证规定，开证行就必须履行付款义务。

综合练习五

一、单项选择题

1．B　2．C　3．B　4．C　5．D　6．D　7．A　8．B　9．B　10．C

二、多项选择题

1．ABD　2．ABCD　3．ABCD　4．ABC　5．ABCD　6．AB　7．BD　8．BCD　9．ABCD　10．AC

三、判断题

1．×　2．×　3．√　4．×　5．√　6．×　7．×　8．×　9．√　10．×

四、填空题

1．汇票　本票　支票　汇票　2．银行汇票　商业汇票　3．商业　银行　4．商业承兑汇票　银行承兑汇票　5．出票人　付款人　收款人　6．信汇　电汇　票汇　7．委托人　托收银行　代收银行　付款人　8．保兑信用证　不保兑信用证　9．可撤销信用证　不可撤销信用证　10．对背信用证

五、简答题

1．汇票的主要种类有哪些？

（1）按照出票人的不同，汇票可分为银行汇票和商业汇票。

（2）按照是否附有货运单据，汇票可分为光票和跟单汇票。

（3）按照付款的时间不同，汇票可分为即期汇票和远期汇票。

（4）按照承兑人的不同，汇票可分为商业承兑汇票和银行承兑汇票。

2．信用证的主要种类有哪些？

（1）根据是否有货运单据，分为跟单信用证和光票信用证。

（2）根据信用证的性质不同，分为可撤销信用证和不可撤销信用证。

（3）根据信用证有无其他银行保兑，分为保兑信用证和不保兑信用证。

（4）根据付款时间不同，分为即期信用证和远期信用证。

（5）根据受益人对信用证的权利是否可以转让，分为可转让信用证和不可转让信用证。

3．汇票、本票和支票的区别有哪些？

区　别	汇　票	本　票	支　票
基本当事人	出票人、付款人和收款人	出票人和收款人	出票人、付款人和收款人
证券的性质	委托他人付款	付款人就是出票人自己	委托他人付款
到期日	见票即付或见票定期支付	见票即付或见票定期支付	见票即付
出票人和付款人的关系	出票人对付款人没有法律上的约束。在承兑前由出票人负责；但一经承兑，则由承兑人负到期付款的主要责任	由出票人负到期付款的责任	只有当出票人在付款人处有足额存款时，付款人才承担付款的责任

4．信用证有什么特点？

（1）信用证是一种银行信用。

（2）信用证是一项自足的文件。

（3）信用证是一种纯粹的单据业务。

六、名词解释

1．汇票是由一人（出口方）签发给另一人（进口方）的无条件书面命令，要求受票人（进口方）见票时或于未来某一规定的或可以确定的时间，将一定金额的款项支付给某一特定的人（出口方所在地银行）或其所指定的人或持票人。

2．支票是出票人签发的，委托办理支票存款业务的银行或者其他金融机构在见票时无条件支付确定的金额给收款人或持票人的票据。

3．信用证（L/C）是开证银行根据开证申请人的请求和指示，向受益人开立的在一定金额和一定期限内凭规定的单据承诺付款的凭证。简言之，信用证就是银行开立的一种有条件的承诺付款的书面文件。

4．托收是指债权人（出口人）出具汇票，委托银行向债务人（进口人）收取货款的一种支付方式。国际贸易结算中所使用的托收方式一般都通过银行办理，所以又叫银行托收。

5．本票是出票人签发的，承诺自己在见票时无条件支付一定金额给收款人或持票人的票据。

6．汇付又称汇款，指付款人主动通过银行或其他途径将款项汇交收款人。国际贸易货款如采用汇付，一般是由买方按合同约定的条件（如收到单据或货物）和时间，将货款通过银行，汇交给卖方。

七、案例分析题

1．开证行拒付的理由是错误的。

不可撤销信用证的修改可以由任何一方提出。 但是，无论根据哪一方的要求修改信用证，均必须经过有关当事人全部同意后才能办理。当事人为申请人、受益人、开证行、保兑行（如果有的情况下），必须经过这几方同意后所修改的信用证才能生效。UCP600 规定，在受益人告知通知修改的银行在其接受该修改之前，原信用证（或含有先前被接受的修改的信用证）的条款对受益人仍然有效，受益人应提供接受或拒绝修改的通知。如果受益人未能给予通知，当交单与信用证以及尚未表示接受的修改要求一致时，即视为受益人已作出接受修改的通知，并且从此时起，该信用证被修改。而在本案中，我方没有表示接受信用证修改，原证仍然有效。

2．中国银行的做法是合理的。

信用证是一种银行开立的有条件的承诺付款的书面文件。对出口商来说，只要按信用证规定条件提交了单据，在“单单一致、单证一致”的情况下，即可从银行得到付款；对进口商来说，只要在申请开证时，保证收到符合信用证规定的单据即行付款并交付押金，即可从银行取得代表货物所有权的单据。因此，银行开立信用证实际是进行单据的买卖。此外，开证行与受益人之间的关系属于一种对双方都有约束力的合同关系。这种合同关系要求开证行在对单据进行合理审查之后，按照信用证的规定，承担向受益人付款的义务，而不受合同影响。因此，在本案中，中国银行的做法是合理的。

项目六　检验检疫、索赔、不可抗力和仲裁

同步练习

任务一　认知检验检疫

一、单项选择题

1. C　2. D　3. A　4. B　5. D

二、多项选择题

1. ABCD　2. ABCD　3. ABCD　4. ABC　5. ABCD

三、判断题

1. √　2. √　3. ×　4. √　5. ×

四、填空题

1. 抽查检验　2. 鉴定业务　3. 检验证书　鉴定证书　4. 检验检疫机构　检验检疫的时间、地点　5. 出口国　进口国

任务二　确定索赔条款

一、单项选择题

1. A　2. C　3. A　4. B　5. A

二、多项选择题

1. ABC　2. AC　3. ABCD　4. AB　5. AD

三、判断题

1. √　2. ×　3. ×　4. ×　5. ×

四、填空题

1. 异议索赔条款　罚金条款　　2. 索赔　理赔　　3. 保险公司　承运人　责任方　　4. 索赔依据　索赔期限　　5. 争议

五、名词解释

1. 索赔是指受损方向违约方提出损害赔偿的要求。

2. 理赔是指违约方对受害方所提赔偿要求的受理和处理。

任务三　订立不可抗力条款

一、单项选择题

1. B　2. D　3. C　4. B　5. B

二、多项选择题

1. ABCD　2. ABC　3. AC　4. CD　5. BC

三、判断题

1. ×　2. √　3. ×　4. ×　5. ×

四、填空题

1. 自然原因　社会原因　　2. 电报或电传　15　航空挂号信　　3. 解除合同　延期履行合同　4. 中国国际贸易促进委员会　　5. 概括式　列举式　综合式

五、名词解释

不可抗力是指买卖合同签订后，不是由于任何一方当事人的过失或疏忽，而是由于发生了合同当事人无法预见、无法预防、无法避免和无法控制的事件，以致不能履行或不能如期履行合同。

任务四　议定仲裁条款

一、单项选择题

1. A　2. B　3. A　4. A　5. D

二、多项选择题

1. ABCD　2. ABCD　3. ABCD　4. BD　5. ABC

三、判断题

1. ×　2. √　3. √　4. ×　5. √

四、填空题

1．临时仲裁机构　常设仲裁机构　2．中国国际经济贸易仲裁委员会　3．仲裁协议　4．双方友好协商　由第三者调解　仲裁或诉讼　5．仲裁地点　仲裁裁决的效力

五、名词解释

仲裁又称公断，是指买卖双方达成协议，自愿将有关争议交给双方所同意的仲裁机构进行裁决，而且这个裁决是终局的，对双方都有约束力，双方必须遵照执行。

综合练习六

一、单项选择题

1．C　2．A　3．C　4．B　5．A　6．B　7．A　8．B　9．C　10．C

二、多项选择题

1．ABD　2．ABC　3．BC　4．ABD　5．AB　6．AB　7．ACD　8．ABC　9．ABC　10．ABCD

三、判断题

1．√　2．√　3．×　4．√　5．√　6．√　7．×　8．√　9．×　10．√

四、填空题

1．出口国　进口国　2．责任方　承运人　保险公司　3．索赔依据　索赔期限　4．自然原因　社会原因　5．解除合同　延期履行合同　6．临时仲裁机构　常设仲裁机构　7．仲裁范围　仲裁规则和程序

五、简答题

1．不可抗力条款的规定方法主要有哪些？

（1）概括式规定；（2）列举式规定；（3）综合式规定。

2．解决国际贸易争议的方式主要有哪些？

（1）双方友好协商；（2）由第三者调解；（3）仲裁或诉讼。

3．我国仲裁条款中关于仲裁地点一般是怎样规定的？

（1）首先力争规定在我国仲裁；（2）若争取不到在我国仲裁，可以选择在被诉方所在国仲裁；（3）规定在双方同意的第三国仲裁。

六、名词解释

1. 索赔是指受损方向违约方提出损害赔偿的要求。

2. 理赔是指违约方对受害方所提赔偿要求的受理和处理。

3. 不可抗力是指买卖合同签订后，不是由于任何一方当事人的过失或疏忽，而是由于发生了合同当事人无法预见、无法预防、无法避免和无法控制的事件，以致不能履行或不能如期履行合同。

4. 仲裁又称公断，是指买卖双方达成协议，自愿将有关争议交给双方所同意的仲裁机构进行裁决，而且这个裁决是终局的，对双方都有约束力，双方必须遵照执行。

七、案例分析题

1. B公司的要求不合理。政府禁令虽然是当事人无法预见、无法控制、无法避免和不可克服的不可抗力事件，但是德国政府的禁令于2011年9月30日才生效，也就是在双方约定的交货期届满才生效，在政府禁令生效前B公司就应该已经履行合同了。我方应催促B公司尽快交货，否则承担损害赔偿责任。

2. 欧洲厂商的要求不合理。中国公司的船只延迟，是由于战争引起的，属于不可抗力，可以免责。

项目七　交易磋商与合同的签订

同步练习

任务一　认知交易磋商的程序

一、单项选择题

1. B　2. A　3. B　4. B　5. A　6. D　7. A　8. C　9. D　10. B

二、多项选择题

1. ACD　2. ABCD　3. ACD　4. ABC　5. ABC

三、判断题

1. √　2. √　3. ×　4. √　5. √

四、填空题

1. 卖方发盘　买方发盘　2. 询盘　发盘　还盘　接受　发盘　接受　3. 发盘的撤回　4. 发盘的撤销　5. 新要约

五、简答题

1．构成发盘的必要条件有哪些？

（1）发盘应向一个或一个以上特定的人提出；（2）发盘内容必须十分确定；（3）发盘必须表明发盘人在得到接受时承受约束的意旨；（4）发盘必须送达受盘人。

2．接受必须具备哪些条件？

（1）接受必须由特定的受盘人作出；（2）接受必须表示出来；（3）接受必须在发盘规定的有效期内送达发盘人；（4）接受的内容必须与发盘完全相符。

六、名词解释

1．发盘又称发价或报价，法律上称为“要约”，是指向一个或一个以上特定的人提出订立合同的建议，如果内容十分确定，并且表明发盘人在其发盘得到接受时承受约束的意旨，即构成发盘。

2．接受在法律上称为承诺，是指受盘人声明或以其他行为表示无条件地同意发盘人提出的各项条件。

任务二　签订进出口合同

一、单项选择题

1．B　2．B　3．A　4．B　5．A

二、多项选择题

1．ABCD　2．BD　3．BC　4．AC　5．ABCD

三、判断题

1．×　2．√　3．×　4．√　5．√

四、填空题

1．口头形式　书面形式　书面形式　2．确认书　售货确认书　购货确认书　3．合同　确认书　4．约首　本文　约尾　5．自然人　法人

五、简答题

一项具有法律约束力的合同应具备哪些条件？

（1）双方当事人应具有实施法律行为的资格和能力；（2）当事人应是在自愿基础上达成的意思表示一致；（3）合同双方当事人必须互为有偿；（4）合同的标的和内容必须合法；（5）合同必须符合法律规定的形式。

综合练习七

一、单项选择题

1. C　2. C　3. A　4. A　5. D　6. A　7. D　8. A　9. D　10. A

二、多项选择题

1. ABCD　2. ABCD　3. ABCD　4. BD　5. ABC　6. BCD　7. ABC　8. ABC　9. ACD　10. BC

三、判断题

1. ×　2. ×　3. ×　4. √　5. √　6. √　7. ×　8. √　9. ×　10. ×

四、填空题

1. 价格　交货时间　2. 逾期接受　3. 规定一段有效期　规定最迟接受的期限　4. 货物名称　数量　5. 询盘　要约邀请　6. 书面确认书　订单　7. 约首　本文　约尾

五、简答题

1. 一项具有法律约束力的合同应具备哪些条件？

（1）双方当事人应具有实施法律行为的资格和能力；（2）当事人应是在自愿基础上达成的意思表示一致；（3）合同双方当事人必须互为有偿；（4）合同的标的和内容必须合法；（5）合同必须符合法律规定的形式。

2. 构成一项有效的接受应具备哪些条件？

（1）发盘应向一个或一个以上特定的人提出；（2）发盘内容必须十分确定；（3）发盘必须表明发盘人在得到接受时承受约束的意旨；（4）发盘必须送达受盘人。

3. 构成一项有效的发盘应具备哪些条件？

（1）接受必须由特定的受盘人作出；（2）接受必须表示出来；（3）接受必须在发盘规定的有效期内送达发盘人；（4）接受的内容必须与发盘完全相符。

六、名词解释

1. 发盘又称发价或报价，法律上称为“要约”，是指向一个或一个以上特定的人提出订立合同的建议，如果内容十分确定并且表明发盘人在其发盘得到接受时承受约束的意旨即构成发盘。

2. 接受在法律上称为承诺，是指受盘人声明或以其他行为表示无条件地同意发盘人提出的各项条件。

七、案例分析题

1．合同不成立。《联合国国际货物销售合同公约》规定：对发盘表示接受但载有添加、限制或其他更改的答复，即为拒绝该项发盘，并构成还盘。案例中我国A公司发盘，外商回电“接受”，但变更了发盘中的装运期，该变更因更改了“交货时间”而属实质性变更，该“接受”构成还盘，故合同不成立。

2．我方有权不供货。《联合国国际货物销售合同公约》明确规定，受盘人作出还盘或对发盘主要条款提出修改，原发盘失效。对方6月30日发来传真，要求我方降价20%，是对我方发盘内容的实质性修改，是还盘，造成了我方原发盘内容失效。其6月30日还盘成为新的发盘，被我方拒绝。因此，双方不存在合同关系。对方7月12日的来电仍然是发盘，我方也没有接受且将货物售出，没有订立合同的意思。所以，对方要求是无理的，我方有权不向对方供货。

项目八　履行进出口合同

同步练习

任务一　履行出口合同

一、单项选择题

1．A　2．C　3．C　4．A　5．A

二、多项选择题

1．ABCD　2．ABCD　3．ABC　4．ABCD　5．ABCD

三、判断题

1．√　2．√　3．×　4．√　5．×

四、填空题

1．CFR　CIF　信用证　备货　催证　审证　改证　租船订舱　报关　报检　装船　制单结汇　货　证　船　款　2．银行　出口方　3．政治背景　资信能力　付款责任　索汇路线　4．开证行　保兑行　5．国家外汇管理局　出口收汇核销单

五、简答题

1．出口方审核信用证的主要内容有哪些？

(1) 信用证金额、币种、付款期限的审核；(2) 商品品名、规格、数量、包装条款的审核；(3) 装运条款的审核；(4) 有效期与到期地点的审核；(5) 单据的审核；(6) 开证申请人和受益人的审核。

2．在出口方要求修改信用证的过程中应注意哪些问题？

(1) 在办理改证的过程中，如一张信用证发现有多处错误，出口方应尽可能一次向进口方提出。

(2) 对不可撤销信用证进行任何修改，必须经有关当事人全部同意后，才能实现。

(3) 出口方对信用证修改通知书要么全部接受，要么全部拒绝，部分接受被视为拒绝修改。

六、名词解释

1．收妥结汇又称收妥付款，是指议付行（出口地银行）收到外贸公司（出口方）提供的出口单据后，经审查无误，将单据寄交国外付款行索取货款，待收到付款行将货款拨至议付行账户的贷项通知书时，即按当时的外汇牌价，折合成人民币拨给外贸公司（出口方）。

2．出口押汇又称买单结汇或议付，是指议付行（出口地银行）在审核单据无误的情况下，按信用证条款买入受益人（出口方）的汇票和单据，从票面金额中扣除从议付日到估计收到票款之日的利息，将余额按议付日外汇牌价折合成人民币，拨给外贸公司（出口方）。

3．定期结汇是指议付行（出口地银行）根据向国外付款行索偿所需时间，预先确定一个固定的结汇期限，到期后主动将票款折合成人民币拨给外贸公司（出口方）。

任务二　履行进口合同

一、单项选择题

1．A　2．C　3．C　4．B　5．D

二、多项选择题

1．AC　2．BC　3．ABD　4．ABCD　5．ABCD

三、判断题

1．√　2．√　3．×　4．√　5．×

四、填空题

1．开立信用证　租船订舱　催装货物　办理保险　审单付款　报检　报关　提货　索赔　2．预约保险　逐笔保险　3．出口方　承运人　保险人　4．交货数量少于提单所载数量　残损属于船方过失所致　5．1　2

五、简答题

1. 进口方向保险公司进行索赔的情形有哪些？

（1）由于自然灾害、意外事故或运输途中其他事故的发生致使货物受损，并且属于承保险别责任范围内的；

（2）凡船方不予赔偿或赔偿金额不足抵补损失的部分，且属于承保险别责任范围内的。

2. 进口方向出口方进行索赔的情形有哪些？

（1）原装数量不足；（2）货物的品质、规格与合同规定不符；（3）包装不良致使货物受损；（4）未按时交货或拒不交货等。

综合练习八

一、单项选择题

1. A　2. C　3. B　4. A　5. B　6. C　7. A　8. C　9. C　10. D

二、多项选择题

1. ABD　2. AC　3. AB　4. ACD　5. ABCD　6. ABC　7. CD　8. ABCD　9. AC　10. AD

三、判断题

1. √　2. √　3. ×　4. ×　5. √　6. ×　7. ×　8. √　9. √　10. √

四、填空题

1. CFR　CIF　信用证　备货　催证　审证　改证　租船订舱　报关　报检　装船　制单结汇　货　证　船　款　2. 银行　出口方　3. 政治背景　资信能力　付款责任　索汇路线　4. 开证行　保兑行　5. 国家外汇管理局　出口收汇核销单　6. 开立信用证　租船订舱　催装货物　办理保险　审单付款　报检　报关　提货　索赔　7. 预约保险　逐笔保险　8. 出口方　承运人　保险人　9. 交货数量少于提单所载数量　残损属于船方过失所致　10. 受损货物价值　商品检验费　装卸费　银行手续费　仓租　利息

五、简答题

1. 简述履行出口合同的一般程序。

履行出口合同的一般程序有备货、催证、审证、改证、租船订舱、报关、报检、装船、制单结汇等。

2．简述履行进口合同的一般程序。

履行进口合同的一般程序有开立信用证、租船订舱、催装货物、办理保险、审单付款、报检、报关、提货、索赔等。

六、名词解释

1．收妥结汇又称收妥付款，是指议付行（出口地银行）收到外贸公司（出口方）提供的出口单据后，经审查无误，将单据寄交国外付款行索取货款，待收到付款行将货款拨至议付行账户的贷项通知书时，即按当时的外汇牌价，折合成人民币拨给外贸公司（出口方）。

2．出口押汇又称买单结汇或议付，是指议付行（出口地银行）在审核单据无误的情况下，按信用证条款买入受益人（出口方）的汇票和单据，从票面金额中扣除从议付日到估计收到票款之日的利息，将余额按议付日外汇牌价折合成人民币，拨给外贸公司（出口方）。

3．定期结汇是指议付行（出口地银行）根据向国外付款行索偿所需时间，预先确定一个固定的结汇期限，到期后主动将票款折合成人民币，拨给外贸公司（出口方）。

七、案例分析题

1．（1）第一种情况应向卖方索赔，因为原装货物有内在缺陷。

（2）第二种情况应向承运人索赔，因承运人签发清洁提单，在目的港应如数交足货物。

（3）第三种情况应向保险公司索赔，在保险责任范围以内，但如进口人能举证原装不足，也可向卖方索赔。

项目九　贸易方式

同步练习

任务一　认知独家经销、代理与寄售

一、单项选择题

1．A　2．B　3．D　4．C　5．B

二、多项选择题

1．ACD　2．ABCD　3．CD　4．ABC

三、判断题

1．×　2．√　3．√　4．×　5．×

四、填空题

1．买卖关系　委托代理关系　委托代售关系　　2．销售代理　　3．总代理　独家代理　一般代理　　4．是否授予专营权　　5．一般代理

五、简答题

1．独家经销协议主要包括哪些内容？

（1）经销协议的名称、签约日期和地点；（2）经销协议中双方的关系；（3）经销的商品、时限和地区；（4）经销数量或金额；（5）经销价格；（6）专营权。

2．独家代理协议主要包括哪些内容？

（1）双方的基本关系；（2）代理的商品、地区和期限；（3）专营权；（4）佣金条款；（5）最低成交额；（6）商情报告。

3．独家经销和独家代理有什么区别？

区　别	独家经销	独家代理
当事人之间的关系	买卖关系	委托代理关系
中间商取得的报酬	赚取差价	赚取佣金
承担的风险	自担风险，自负盈亏	不担风险，不负盈亏

4．寄售有哪些特点？

（1）寄售是凭实物进行买卖的现货交易。

（2）寄售人与代销人之间属于委托代售关系，而非买卖关系。

（3）货物在售出以前所有权归寄售人所有。

（4）寄售人承担一定的风险和费用。

六、名词解释

1．独家经销是指出口商与国外经销商达成书面协议，在一定期限内，把一种商品或一类商品在指定地区的独家经营权授予该经销商的贸易做法。

2．国际贸易中的代理主要是销售代理。出口商与国外的代理商达成协议，由出口商作为委托人，授权代理人代表委托人推销商品，签订合同，由此产生的权利和义务直接对委托人发生效力。代理人在委托人的授权范围内行事，不承担销售风险和费用，不必垫付资金，按交易数额提取约定的佣金，而不管交易的盈亏。

3．寄售是指委托人（货主）先将货物运往寄售地，委托国外一个代销人，按照寄售协议规定的条件，由代销人代替货主进行销售，在货物出售后，由代销人向货主结算货款的一种贸易做法。

任务二　认知招标、投标和拍卖

一、单项选择题

1. B　2. A　3. D　4. B　5. A

二、多项选择题

1. AC　2. AB　3. ABCD　4. ABC

三、判断题

1. √　2. ×　3. √　4. √　5. ×

四、填空题

1. 公开招标　选择性招标　谈判招标　两段招标　2. 增价拍卖　减价拍卖　密封递价拍卖　3. 增价拍卖　4. 减价拍卖　5. 卖主　买主

五、简答题

1. 增价拍卖和减价拍卖之间有什么区别？

区　　别	增价拍卖	减价拍卖
价格变化	由低到高	由高到低
叫价方	买方	卖方

2. 拍卖有什么特点？

（1）是一种公开竞买的现货交易；（2）是在一定的机构内有组织地进行；（3）具有自己独特的法律和规章。

六、名词解释

1. 招标是指招标人（买方）事先发出招标通告或招标单，提出在规定的时间、地点，准备购买的商品名称、品种、数量和有关的交易条件，邀请投标人（卖方）在规定的时间、地点按照一定的程序进行投标的行为。

投标是指投标人（卖方）应招标通告的邀请，根据招标人规定的要求和条件，在规定的时间内向招标人发盘，争取中标的行为。

2. 拍卖是由专营拍卖业务的拍卖行接受货主的委托，在规定的时间和场所，按照一定的章程和规则，以公开叫价的方法，把货物卖给出价最高的买主。

任务三　区别加工贸易和补偿贸易

一、单项选择题

1. B　2. C　3. A　4. B　5. D

二、多项选择题

1. AC　2. ABD　3. AC　4. CD　5. AB

三、判断题

1. √　2. ×　3. √　4. ×　5. √

四、填空题

1. 来料加工　进料加工　2. 两头在外贸易　3. 直接产品补偿　间接产品补偿　劳务补偿　4. 补偿贸易　5. 加工贸易

五、简答题

1. 来料加工和进料加工有什么区别和联系？

区别和联系	进料加工	来料加工
区别	原料进口，成品出口，是两笔不同的交易	原料运进和成品运出不发生所有权转移，属于同一笔交易
	我方必须自担风险，自负盈亏，通过进料加工获取商业利润	我方无须承担销售风险，赚取的是工缴费
联系	两者都是利用我国劳动力，原料从国外进口，产品运到国外销售，属于“两头在外”的加工贸易方式	

六、名词解释

1. 加工贸易俗称“两头在外贸易”，是指原材料、零部件、元器件、包装物料、辅助材料等料件从境外进口，在境内加工装配后，成品运往境外的贸易。

2. 补偿贸易是指交易的一方在对方提供信贷的基础上，进口设备和技术，不用现汇支付，而在约定的期限内用该进口技术、设备所生产的直接产品或相关产品或其他产品或劳务分期偿还进口设备的货款和利息。

3. 来料加工是指由境外企业提供料件，经营企业不需要付汇进口，按境外企业的要求进行加工或装配，只收取加工费，制成品由境外企业销售的经营活动。

4. 进料加工是指经营企业用外汇购买料件进口，制成成品后，外销出口的经营活动。

综合练习九

一、单项选择题

1. D　2. B　3. A　4. C　5. B　6. B　7. C　8. D　9. B　10. A

二、多项选择题

1. AB　2. ABC　3. ABCD　4. ACD　5. AC　6. ABD　7. AD　8. AB　9. BC　10. AC

三、判断题

1. √　2. √　3. ×　4. √　5. √　6. ×　7. ×　8. √　9. √　10. √

四、填空题

1. 买卖关系　委托代理关系　委托代售关系　2. 总代理　独家代理　一般代理　3. 一般代理　4. 公开招标　选择性招标　谈判招标　两段招标　5. 增价拍卖　减价拍卖　密封递价拍卖　6. 卖主　买主　7. 来料加工　进料加工　8. 直接产品补偿　间接产品补偿　劳务补偿　9. 补偿贸易　10. 加工贸易

五、简答题

1. 独家经销和独家代理有什么区别？

区　别	独家经销	独家代理
当事人之间的关系	买卖关系	委托代理关系
中间商取得的报酬	赚取差价	赚取佣金
承担的风险	自担风险，自负盈亏	不担风险，不负盈亏

2. 寄售有什么特点？

（1）寄售是凭实物进行买卖的现货交易。（2）寄售人与代销人之间属于委托代售关系，而非买卖关系。（3）货物在售出以前所有权归寄售人所有。（4）寄售人承担一定的风险和费用。

3. 增价拍卖和减价拍卖之间有什么区别？

区　别	增价拍卖	减价拍卖
价格变化	由低到高	由高到低
叫价方	买方	卖方

4. 拍卖有什么特点？

（1）是一种公开竞买的现货交易；

（2）是在一定的机构内有组织地进行；

（3）具有自己独特的法律和规章。

5．进料加工和来料加工有什么区别和联系？

区别和联系	进料加工	来料加工
区别	原料进口，成品出口，是两笔不同的交易	原料运进和成品运出不发生所有权转移，属于一笔交易
	我方必须自担风险，自负盈亏，通过进料加工获取商业利润	我方无须承担销售风险，赚取的是工缴费
联系	两者都是利用我国劳动力，原料从国外进口，产品运到国外销售，属于“两头在外”的加工贸易方式	

六、名词解释

1．独家经销是指出口商与国外经销商达成书面协议，在一定期限内，把一种商品或一类商品在指定地区的独家经营权授予该经销商的贸易做法。

2．国际贸易中的代理主要是销售代理。出口商与国外的代理商达成协议，由出口商作为委托人，授权代理人代表委托人推销商品，签订合同，由此产生的权利和义务直接对委托人发生效力。代理人在委托人的授权范围内行事，不承担销售风险和费用，不必垫付资金，按交易数额提取约定的佣金，而不管交易的盈亏。

3．来料加工是指由境外企业提供料件，经营企业不需要付汇进口，按境外企业的要求进行加工或装配，只收取加工费，制成品由境外企业销售的经营活动。

4．进料加工是指经营企业用外汇购买料件进口，制成成品后，外销出口的经营活动。

5．加工贸易俗称“两头在外贸易”，是指原材料、零部件、元器件、包装物料、辅助材料等料件从境外进口，在境内加工装配后，成品运往境外的贸易。

6．补偿贸易是指交易的一方在对方提供信贷的基础上，进口设备和技术，不用现汇支付，而在约定的期限内用该进口技术、设备所生产的直接产品或相关产品或其他产品或劳务分期偿还进口设备的货款和利息。

综合测试一

一、单项选择题

1．B　2．A　3．C　4．C　5．C　6．B　7．C　8．A　9．A　10．B　11．C　12．C　13．C　14．C　15．C

二、多项选择题

1．ACD　2．ABC　3．AB　4．BD　5．BCD

三、判断题

1. √ 2. √ 3. × 4. √ 5. × 6. × 7. √ 8. √ 9. √ 10. √

四、填空题

1. EXW DDP 2. 规定范围 规定极限 规定上下差异 3. 班轮运输 租船运输 4. 汇票 本票 支票 5. 平安险 水渍险 一切险 6. 可转让信用证 不可转让信用证

五、简答题

1. 溢短装条款的内容是什么？

（1）溢装或短装的百分比；（2）溢短装的选择权；（3）溢短装部分的作价。

2. FOB 术语的变形有哪些？

（1）FOB Line Terms——FOB 班轮条件；（2）FOB Under Tackle——FOB 吊钩下交货；（3）FOB Stowed——FOB 包括理舱费；（4）FOB Trimmed——FOB 包括平舱费；（5）FOB Stowed and Trimmed——FOB 包括理舱费、平舱费。

3. 发盘失效的情况有哪些？

（1）发盘过期；（2）受盘人拒绝或还盘；（3）发盘的撤回与撤销；（4）不可抗力事件造成发盘的终止；（5）当事人死亡、公司破产等造成发盘终止。

4. 进料加工与来料加工有什么异同？

异同	进料加工	来料加工
不同点	原料进口，成品出口，是两笔不同的交易	原料运进和成品运出不发生所有权转移，属于同一笔交易
	我方必须自担风险，自负盈亏，通过进料加工获取商业利润	我方无须承担销售风险，赚取的是工缴费
相同点	两者都是利用我国劳动力，原料从国外进口，产品运到国外销售，属于“两头在外”的加工贸易方式	

5. 运输标志的主要内容包括哪些？

（1）收、发货人的代号；（2）目的地的名称或代号；（3）件号、批号。

六、名词解释

1. 品质机动幅度是指对某些初级产品，允许卖方所交货物的品质指标在一定的幅度内有所差异，只要卖方所交货物的品质没有超出机动幅度的范围，买方就无权拒收。

2. CIF 术语即成本加保险费、运费（……指定目的港），指卖方负责租船订舱，支付从装运港至目的港的运费，办理货运保险，支付保险费，在合同规定的装运期内在装运港将货物交付至运往指定目的港的船上，负担货物越过船舷以前的一起费用和货物灭失或损坏的风险。

3．发盘又称发价或报价，法律上称为“要约”，是指向一个或一个以上特定的人提出订立合同的建议，如果内容十分确定并且表明发盘人在其发盘得到接受时承受约束的意旨，即构成发盘。

4．仲裁又称公断，是指买卖双方达成协议，自愿将有关争议交给双方所同意的仲裁机构进行裁决，而且这个裁决是终局的，对双方都有约束力，双方必须遵照执行。

七、计算题

解：（1）W=45cm×35cm×25cm=0.039 4 m^3=0.039 4 运费吨

M=0.03 公吨=0.03 运费吨

∵0.039 4 运费吨>0.03 运费吨，基本运费的计收方法是 W/M

∴应选择 0.039 4 来计算运费

运费=计费标准×基本运费×（1+各种附加费率）

=0.039 4 运费吨×100 美元/运费吨×（1+20%+20%+10%）=23.29 美元

（2）应该报 FOB 价是：FOB=CFR−运费=438 美元−23.29 美元=414.7 美元

答：该批货物每箱的运费是 23.29 美元，应该报的 FOB 价是 414.7 美元。

八、案例分析题

（1）买方没有拒收货物并要求退款的权利。首先在信用证支付方式下，银行承担第一性的付款责任。只要银行审核单据时，确认买方所提交的单据表面上与信用证的规定相符，付款行就应履行付款义务。另外，CIF 术语成交属于象征性交货，卖方凭单交货，买方凭单付款。本案中，我方已于 10 月 6 日向银行提交单据，其中包括 9 月 29 日签发的已装船清洁提单，经银行审核，单单相符、单证相符，银行接受了单据并支付了货款，说明我方已完成了交货，我方理应按信用证的规定取回货款。因此，买方拒绝收货和退款的要求是不合理的。

（2）本案中，买方应与有关方面联系，确认货物受损和短少的原因，然后凭保险单及其他证据向有关方面提出索赔，以弥补自己的损失。

2．根据本案的案情，卖方有权凭保险单向保险公司索赔。因为在本案中，保险公司在货物装船前已按“仓至仓条款”承保了买卖双方成交的货物，所以，卖方不应对货物的损失承担赔偿责任。

综合测试二

一、单项选择题

1．D　2．C　3．C　4．C　5．C　6．C　7．A　8．B　9．A　10．B　11．C　12．C　13．B　14．C　15．A

二、多项选择题

1．ABCD 2．ABC 3．ABCD 4．ABD 5．ABCD

三、判断题

1．× 2．× 3．√ 4．√ 5．√ 6．× 7．√ 8．× 9．× 10．×

四、填空题

1．净重 2．内在素质 外观形态 3．装运港船上交货 4．装运港船舷 5．清洁提单 不清洁提单 6．基本险 附加险 7．发盘 接受 8．汇票 9．信用证 10．解除合同 延期履行合同

五、简答题

1．班轮运输有哪些特点？

(1)“四固定”，班轮运输有固定的船期表、固定的航线、固定的港口和相对固定的运费率；(2) 班轮运费中包括装卸费，配载装卸由船方负责，货方不再另付装卸费，船、货双方也不计算滞期费和速遣费；(3) 船、货双方的权利、义务与责任豁免，以船方签发的提单条款为依据。

2． CIF 术语卖方应尽的义务是什么？

(1) 在合同规定的期限内，在指定装运港，将符合合同规定的货物交至买方指定的船上，并给予买方充分的通知；

(2) 承担货物在装运港越过船舷以前的一切费用和风险；

(3) 取得出口许可证和（或）其他有关单证，办理出口清关手续；

(4) 提供商业发票和证明货物已交至船上的通常运输单据。

3．提单有哪些性质和特点？

(1) 货物收据，证明承运人或其代理人已按提单的记载收到托运人的货物；(2) 物权凭证，提单的持有人有支配货物的权利。因此，提单可以用来向银行议付贷款和向承运人提取货物，也可以用来抵押或转让；(3) 运输契约的证明，由于运输契约是在装货前承运人和托运人双方订立的，而提单一般是在装货后签发的，故提单本身不是契约证明，而只是运输契约的证明。

4．一项有效的接受应具备哪些条件？

(1) 接受必须由特定的受盘人作出；(2) 接受必须表达出来；(3) 接受应在发盘的有效期内送达发盘人；(4) 接受的内容必须与发盘的内容相符。

5．信用证的特点是什么？

(1) 信用证是一种银行信用；(2) 信用证是一种独立的文件；(3) 信用证业务是单据业务。

6．国际货物买卖合同有效成立应具备哪些条件?

（1）双方当事人应具有实施法律效力的能力和资格；（2）当事人应在自愿的基础上达成的意思表示一致；（3）合同的目的和内容必须合法；（4）合同双方应互为有偿；（5）合同的形式要符合法律规定的形式。

六、名词解释

1．象征性交货是指卖方只要按期在指定装运港完成装运，并向买方提交包括物权凭证在内的相关单证，即卖方完成了交货义务，而无须保证到货。

2．共同海损是指载货船舶在海上遇到危难时，船长为了维护船、货双方的共同安全，使船程得以维持下去而下令采取有意的、合理的紧急措施而造成的特殊牺牲和特殊费用的支出。

3．不可抗力是指在合同签订以后，不是由于任何一方当事人的过失或疏忽，而是发生了当事人不能预见、不能预防、不能克服和不能避免的事件而造成的损失，以致不能履行合同或不能如期履行合同。

4．发盘是指向一个或一个以上特定的人提出订立合同的建议，如果内容十分确定并且表明发盘人在得到接受时承受约束的意旨，即构成发盘。

七、计算题

解：保险金额=CIF×(1+投保加成率)

=100 公吨×1 000 英镑/公吨×（1+10%）

=110 000 英镑

保险费=保险金额×保险费率

=110 000 英镑×（0.3%+0.2%）

=550 英镑

答：A 公司的保险金额是 110 000 英镑；应缴 550 英镑的保险费。

八、案例分析题

该批货物的所有损失保险公司均应该赔偿。该船航行时，因海上大雾与另一艘船相撞，致使该批货物遭到价值为 8 000 美元的部分损失，该损失属于意外事故而造成的部分损失，属于平安险的承保范围；海轮于 2011 年 8 月 10 日在海上遇到台风，致使一部分货物受到水渍，损失价值为 2 000 美元，这部分损失是在发生相撞这一意外事故之前，在海上遭受恶劣气候所造成的部分损失，也属于平安险的承保范围。

综合测试三

一、单项选择题

1．C　2．C　3．B　4．C　5．D　6．B　7．B　8．A　9．A　10．B　11．C　12．B　13．C　14．B　15．D

二、多项选择题

1．ABC　2．AD　3．ACD　4．ACD　5．AB

三、判断题

1．√　2．√　3．×　4．×　5．√　6．√　7．√　8．×　9．√　10．×

四、填空题

1．凭说明书和图样买卖　2．装船　卸货　3．已装船提单　备运提单　4．汇票　本票　支票　汇票　5．协商　调解　仲裁　诉讼　6．来料加工　进料加工

五、简答题

1．表示商品品质的方法有哪些？

- 商品品质
  - 凭实物表示品质
    - 看货买卖
    - 凭样品买卖
      - 凭卖方样品买卖
      - 凭买方样品买卖
      - 凭对等样品买卖
  - 凭说明表示品质
    - 凭规格买卖
    - 凭等级买卖
    - 凭标准买卖
    - 凭说明书和图样买卖
    - 凭商标和品牌买卖
    - 凭产地名称买卖

2．构成共同海损的条件有哪些？

（1）危险的客观性。即危及船、货共同安全的危险必须是实际存在的。（2）行为的有意性、损失的合理性。即所采取的行为或措施必须是有意识的，由此产生的损失必须是合理的，是为了船、货的共同安全。（3）牺牲的特殊性，费用的额外性。即所作出的牺牲具有特殊性，支出的费用是额外的，都是在非常情形下产生的。（4）结果的有效性。即构成共同海损的牺牲和费用支出，最终还必须是有效的。

3．国际多式联运必须具备哪些条件？

（1）多式联运经营人与托运人之间要签订一份多式联运合同，以明确承、托双方的权利和义务。（2）必须通过两种或两种以上运输方式的连贯运输。（3）使用一份包括全程的多式联运单据，并由多式联运经营人对全程负责。（4）必须是全程单一的运费费率。（5）必须是国际间的货物运输。

4．FOB 术语买卖双方的义务是什么？

卖　　方（seller）	买　　方（buyer）
1．在合同规定的期限内，在指定装运港，将符合合同规定的货物交至买方指定的船上，并给予买方充分的通知	1．租船订舱，支付运费，将船名、装船地点和要求交货的时间充分通知卖方
2．承担货物在装运港越过船舷以前的一切费用和风险	2．承担货物在装运港越过船舷以后的一切费用和风险
3．取得出口许可证和（或）其他有关单证，办理出口清关手续	3．取得进口许可证和（或）其他有关证件，办理进口清关手续
4．提供商业发票和证明货物已交至船上的通常运输单据或具有同等效力的电子信息	4．接受与合同相符的单据，受领与合同相符的货物并支付货款

5．一项有效的发盘必须具备哪些条件?

（1）接受必须由特定的受盘人作出；（2）接受必须表示出来；（3）接受必须在发盘规定的有效期内送达发盘人；（4）接受的内容必须与发盘完全相符。

六、名词解释

1．FOB 术语即装运港船上交货（……指定装运港），指卖方必须在合同规定的装运期限内在指定装运港将货物交付至买方指定的船上，并负担货物越过船舷以前的一切费用和货物灭失或损坏的风险。

2．定牌中性包装是指包装上仅有买方指定的商标或品牌，无生产国别、地名和厂商名称。

3．单独海损是指除共同海损以外的，由海上风险直接导致的船舶或货物的部分损失。

4．指示提单是指收货人栏内填写“凭指定”（to order）或“凭某人指定”（to order of...）字样，此种提单经过背书才能转让。

七、计算题

解：含佣价=净价/（1–佣金率）

=2 000 美元×（1–2%）/（1–4%）

≈2 041.67 美元

答：应报价 2 041.67 美元。

八、案例分析题

单独海损是指除共同海损外，由海上风险直接导致货物的部分损失。共同海损是指载货船舶在海上遇到危难，船长为了维护所有货物和船舶的共同安全而采取某些有意的、合理的行为所作出某些特殊的牺牲和支出特殊的费用。1 000 箱货被火烧毁及主机、部分甲板被火烧坏是由于海上风险导致的部分损失，属于单独海损。600 箱货被水浸湿、雇用拖轮产生的费用、额外增加的燃料费和船员的工资是共同海损。

综合测试四

一、单项选择题

1．C　2．B　3．C　4．D　5．A　6．B　7．B　8．B　9．C　10．C　11．A　12．D　13．A　14．C　15．C

二、多项选择题

1．AC　2．AB　3．ABC　4．ACD　5．ABCD

三、判断题

1．×　2．√　3．√　4．√　5．×　6．×　7．×　8．√　9．√　10．√

四、填空题

1．记名提单　不记名提单　指示提单　2．DDP　EXW　3．基本险　附加险　4．可转让信用证　不可转让信用证　5．运输标志　指示性标志　警告性标志　6．固定的港口　固定的航线　固定的船期表

五、简答题

1．中国海洋货物运输保险的一般附加险是如何分类的？

一般附加险共有 11 种，分别是偷窃、提货不着险，淡水雨淋险，渗漏险，短量险，混杂、玷污险，碰损、破碎险，钩损险，锈损险，串味险，包装破裂险，受潮受热险。

2．汇票的主要种类有哪些？

（1）按照出票人的不同，汇票分为银行汇票和商业汇票。（2）按照是否附有货运单据，汇票可分为光票和跟单汇票。（3）按照付款时间的不同，汇票可分为即期汇票和远期汇票。（4）按照承兑人的不同，汇票可分为商业承兑汇票和银行承兑汇票。

3．FOB、CFR 和 CIF 三种贸易术语有何异同？

FOB、CFR、CIF 三种贸易术语的不同点：

术语	卖方义务	卖方承担费用	价格构成
FOB	装运港交货	不承担出口运费、保险费	成本价
CFR	装运港交货，办理出口运输	承担出口运费	成本加运费
CIF	装运港交货，办理出口运输及出口保险	承担出口运费及保险费	成本、运费加保险费

FOB、CFR、CIF 三种贸易术语的相同点：

运输方式	交货地点	风险划分
只适用于水上运输	装运港船上	装运港船舷

4．履行出口合同的一般程序有哪些？

履行出口合同的一般程序有备货与报检，落实信用证，货物出运，制单结汇，出口收汇核销和出口退税等。

六、名词解释

1．汇票是由一人（出口方）签发给另一人（进口方）的无条件书面命令，要求受票人（进口方）见票时或于未来某一规定的或可以确定的时间，将一定金额的款项支付给某一特定的人（出口方所在地银行）或其所指定的人或持票人。

2．对等样品是指卖方根据买方提供的样品，加工复制出一个类似的样品交买方确认，这种确认后的样品称为“对等样品”或“回样”。

3．信用证是开证银行根据开证申请人的请求和指示，向受益人开立的在一定金额和一定期限内凭规定的单据承诺付款的凭证。简言之，信用证就是银行开立的一种有条件的承诺付款的书面文件。

4．接受在法律上称为承诺，是指受盘人声明或以其他行为表示无条件地同意发盘人提出的各项条件。

七、计算题

解：保险金额 ＝CIF×（1+投保加成率）

=1 000 公吨×10 000 美元/公吨×（1+10%）

=10 000 000 美元×1.1

=11 000 000 美元

保险费=保险金额×保险费率

=11 000 000 美元×（0.15%+0.13%）

=19 800 美元

答：该公司的投保金额为 11 000 000 美元，保险费为 19 800 美元。

八、案例分析题

（1）保险公司不应该赔付。

因为损失原因可认定为货物内在质量缺陷，是由于卖方责任造成的，属于保险公司的除外责任。

（2）进口商对于受损货物应支付货款。

因为 CIF 属于象征性交货，卖方凭单交货，买方凭单付款，只要卖方提交的单据合格，买方就应该付款。

综合测试五

一、单项选择题

1. B　2. C　3. A　4. C　5. B　6. C　7. A　8. D　9. D　10. D　11. A　12. C　13. D　14. B　15. B

二、多项选择题

1. ABD　2. AB　3. ABCD　4. ABCD　5. ABCD

三、判断题

1. ×　2. √　3. ×　4. √　5. √　6. √　7. √　8. ×　9. √　10. ×

四、填空题

1. 正本提单　副本提单　2. 付款交单　承兑交单　3. 总代理　独家代理　一般代理　4. 船　货　运费　5. 运输包装　销售包装　6. 概括式规定　列举式规定　综合式规定

五、简答题

1. 凭说明表示货物品质的方法有哪些？

（1）凭规格买卖；（2）凭等级买卖；（3）凭标准买卖；（4）凭说明书和图样买卖；（5）凭商标和品牌买卖；（6）凭产地名称买卖。

2. 信用证主要有哪些种类？

（1）根据是否有货运单据，分为跟单信用证和光票信用证。（2）根据信用证的性质不同，分为可撤销信用证和不可撤销信用证。（3）根据信用证有无其他银行保兑，分为保兑信用证和不保兑信用证。（4）根据付款时间的不同，分为即期信用证和远期信用证。（5）根据受益人对信用证的权利是否可以转让，分为可转让信用证和不可转让信用证。

3．提单主要有哪些种类？

（1）根据货物是否已经装船，可分为已装船提单和备运提单。（2）根据货物外表有无不良批注，可分为清洁提单和不清洁提单。（3）根据运输方式的不同，可分为直达提单、转船提单和联运提单。（4）根据抬头（收货人）的不同，可分为记名提单、不记名提单和指示提单。（5）根据内容繁简的不同，可分为全式提单和简式提单。（6）根据运费支付方式的不同，可分为运费预付提单和运费到付提单。（7）根据船舶营运方式的不同，可分为班轮提单和租船提单。（8）根据提单使用效力的不同，可分为正本提单和副本提单。（9）根据签发人的不同，可分为船公司提单和货代提单。

4．共同海损和单独海损有哪些区别？

区　别	共同海损	单独海损
造成损失的原因不同	是为了解除船、货面临的共同危险而人为造成的	海上风险直接造成的
损失的承担者不同	由获救各方按照收益大小的比例共同分摊	由受损方单独承担
损失的构成不同	既包括货物的损失，也包括采取共同海损行为而产生的费用损失	仅指货物本身的损失

六、名词解释

1．商品品质是指商品的内在素质和外在形态的综合。内在素质包括商品的物理性能、机械性能、化学成分和生物特性等自然属性。外在形态包括商品的外形、色泽、款式或透明度等。

2．国际多式联运简称多式联运，是在集装箱运输的基础上产生和发展起来的，是指按照多式联运合同，以至少两种不同的运输方式，由多式联运经营人将货物从一国境内的接管地点运至另一国境内指定交付地点的货物运输。

3．托收是指债权人（出口人）出具汇票，委托银行向债务人（进口人）收取货款的一种支付方式。

4．支票是出票人签发，委托办理支票存款业务的银行或者其他金融机构在见票时无条件支付确定的金额给收款人或持票人的票据。

七、计算题

解：净价=含佣价 ×（1–佣金率）

=300 美元×（1–3%）

=291 美元

含佣价= 净价/（1–佣金率）

=291 美元/（1–6%）

=309.57 美元

答：我公司为了保持 CIF 净价不变，应报 309.57 美元。

八、案例分析题

卖方对货物的损失不承担赔偿责任。在本案中，买卖双方按FOB贸易术语成交，风险划分以船舷为界，运输途中的风险由买方承担。因而，船舶在航行途中，由于触礁事件，导致小麦被入侵海水浸泡，品质受到影响的损失应由买方承担，所以，卖方对货物的损失不承担赔偿责任。